# 汽车HMI
## 设计进化与方法
### ——UI视觉设计篇
#### （微视频版）

董小红 李才应 编著

清華大學出版社

北京

## 内容简介

本书从原理、流程与行业标准的角度，详细阐述汽车 HMI 视觉设计的方法。

全书共 14 章，分别讲解汽车 HMI 设计、汽车座舱的 5 个阶段，汽车 HMI 设计的行业背景，汽车 HMI 设计发展历程，汽车 HMI 设计的软硬件基础，汽车 HMI 设计的调性和风向，汽车 HMI 视觉设计的核心要素、原则与理念，汽车 HMI 视觉设计方法，汽车 HMI 视觉设计质量的自我评估，汽车 HMI 设计岗位划分与要求，汽车 HMI 设计流程与规范，汽车 HMI 视觉提案，最后对主流品牌汽车的 HMI 视觉设计做了详细分析，并系统性地分析了汽车 HMI 设计的趋势。另外，本书配有微课视频，并专门整理了学习素材和参考资料。读者可以扫描书中对应的二维码，随时用手机观看视频学习汽车 HMI 设计的内容。

本书适合广大设计爱好者学习，对于视觉传达、交互设计、工业设计、产品设计、环艺设计、多媒体制作、汽车设计等相关专业的学生可以作为教材教辅读物，也适合现在从事 UI 设计、电商设计、平面设计、三维设计、影视后期等相关领域的设计师作为转型汽车 HMI 设计的参考资料。

**图书在版编目（CIP）数据**

汽车HMI设计进化与方法：UI视觉设计篇：微视频版 / 董小红，李才应编著. —北京：清华大学出版社，2023.5

ISBN 978-7-302-63181-1

Ⅰ.①汽… Ⅱ.①董… ②李… Ⅲ.①汽车工程－人机界面－程序设计 Ⅳ.①U461②TP311.1

中国国家版本馆CIP数据核字（2023）第052622号

责任编辑：张　敏
封面设计：郭二鹏
责任校对：徐俊伟
责任印制：曹婉颖

出版发行：清华大学出版社
　　　网　　　　　址：http://www.tup.com.cn，http://www.wqbook.com
　　　地　　　　　址：北京清华大学学研大厦A座　　　邮　　编：100084
　　　社　总　　　机：010-83470000　　　邮　　购：010-62786544
　　　投稿与读者服务：010-62776969，c-service@tup.tsinghua.edu.cn
　　　质　量　反　馈：010-62772015，zhiliang@tup.tsinghua.edu.cn
　　　课　件　下　载：http://www.tup.com.cn，010-83470236
印　装　者：涿州汇美亿浓印刷有限公司
经　　　销：全国新华书店
开　　　本：170mm×240mm　　　印　张：10.5　　　字　数：184千字
版　　　次：2023年6月第1版　　　印　次：2023年6月第1次印刷
定　　　价：98.00元

产品编号：100733-01

# 前言

HMI 是 Human Machine Interface 的缩写，即人机接口，也叫人机交互。HMI 人机界面是系统和用户之间进行交互与信息交换的媒介，它实现将产品的内部信息传输给人类，从而人类可以简单、便捷地接收此产品的内部信息的一种转换。

汽车 HMI 设计主要是研究人与汽车的人机交互界面，注意这个界面只是一个代称，汽车 HMI 界面包含开关、按钮、大屏、语音、控制杆等。其中，汽车的内饰设计和汽车 HMI 设计息息相关，但也所区分，内饰设计强调的是主观整体感受，而汽车 HMI 是承担人与车之间有效信息交互的载体，侧重的是人与界面、人与车各系统的使用体验与感受，综合起来把这些统称为汽车座舱设计。

未来 10 年，中国将迎来智能电动汽车的高速发展，国产自主品牌将逐步替代外资品牌，中国的汽车产业将发生翻天覆地的变化，这个变化已经初具雏形，比如蔚来汽车、理想汽车、斑马汽车、高合汽车、华为汽车等。

同时，一些互联网公司也加入新能源智能汽车的领域，包括阿里、腾讯、小米、百度、字节跳动等，在这些公司的推动下，原来互联网的 UI 设计师纷纷转型到汽车 HMI 设计方向，而在汽车 HMI 设计师培养方面，目前缺少相对完善的教育体系，大学没有开设相关课程，教育培训机构的汽车 HMI 设计培训也非常稀缺，转型的设计师们仅靠一些网络的零散学习资料和文章来学习，因此我们策划了本书，希望能弥补这方面的空白，提供给设计师一套体系完整的汽车 HMI 设计学习资料。

在汽车产业大发展的背景下，汽车 HMI 设计已越来越得到重视，市场需要大量专业的汽车设计人才，当前专业的汽车 HMI 设计人才资源比较匮乏，我们希望能用自己多年在 HMI 设计方面的积累帮助更多有兴趣从事 HMI 设计、想转行从事 HMI 设计以及正在从事 HMI 设计的朋友，让他们快速提升专业认知和设计水平，从而有一个系统化、专业性的学习内容。

对于 HMI 的视觉设计，本书可以让读者对系统平台和硬件结构的布局方式进行全面的认知，从而多维度了解影响 HMI 设计的外部环境因素，从全局了解 HMI 设计的对象并非仅仅是针对屏幕的设计，帮助读者了解设计前期、过程中以及设计后期的工作重点，掌握每个阶段需要注重的关键点、方向与方法、设计能力以及设计质量需要到达的状态，总结出 HMI 设计的核心知识点、最有效的入门方法和快速成长路径，从而快速打通设计认知和思维层面的"任督二脉"。

另外，读者可以通过本书介绍的方法，获得高价值学习资料和方法，助力自我在成长过程中的"养份来源"，从而不断提高审美能力和综合素养，更加轻松、高效地进行工作，让自己成为真正有思想的设计大咖，成就大家的设计发展之路。

本书作者董小红（Michael）是一家汽车技术服务型公司 HMI 部门负责人，国内较早开始从事汽车 IVI HMI 设计师之一，见证和经历了汽车座舱及 HMI 设计的发展历程。2008 年开始在深圳一家集汽车导航设计研发和生产为一体的公司担任设计工作，开始参与汽车 IVI 系统 HMI 的设计工作，十多年来一直从事汽车 IVI、Cluster 及 HUD 等智能座舱相关终端设备的 HMI 设计和项目及团队管理工作，积累了丰富的汽车 HMI 设计经验，了解未来 HMI 设计潮流趋势，关注行业发展方向。近几年同时开展了团队成员设计能力培训工作，成功培养了 40 多位专业的 HMI 设计师，培养的设计师目前分布在百度、蔚来、上汽、泛亚、哪吒、阿维塔、吉利、爱驰、长城、安波福等相关汽车设计研发中心工作。近 4 年的 HMI 设计人才培训经历，提炼了一整套专业性、系统化的 HMI 设计方法；本书作者李才应来自视觉客的汽车 HMI 设计课程研发经理，工业设计专业毕业，20 年从事设计与相关职业教育工作。曾先后担任 Adobe 2020 ACA 世界大赛（中国赛区）评委、2020 世界技能大赛（上海赛区）设计指导老师、第 47 届世界技能大赛（上海市集训基地）外聘专家以及上海城建学院建筑与艺术学院、上海工艺美术学院外聘专家讲师。从 2017 年开始从事汽车 HMI 设计课程的研发工作，相继开设多期"汽车 HMI 设计高级研修班""汽车 HMI 设计岗前实训班"，以及"UE5 虚幻引擎 & 汽车 HMI 交互设计高级研修班"等课程，获得学员一致好评。其学员已遍及吉利、比亚迪、集度、上汽、岚途、斑马、蔚来、理想、保时捷、爱驰、泛亚、福特、长安、华人运通等相关汽车设计研发中心。

本书配有微课视频，方便读者在阅读图书内容的同时，随时扫码观看每章对应的微视频。同时，读者可以扫描下方二维码填写相关信息后获得更多学习素材和参考资料。

学习与教学资源

感谢我们的家人和身边的所有亲朋好友，是你们的默默支持和帮助，我们才能更好地潜心创作。

编 者

# 目录

# 第 1 章
## 汽车 HMI 设计的相关概念

汽车 HMI 设计
进化与方法论
课程介绍

汽车 HMI 设计
的相关概念

本章主要讲解有关汽车 HMI 设计的一些术语。

Human–Machine Interaction（Interface），HMI，即人机交互（界面），是系统和用户之间进行交互与信息交换的媒介，汽车 HMI 指的是人与汽车信息系统之间的互动，即操作与信息反馈。

目前汽车智能座舱包括车载信息娱乐系统（In-Vehicle Infotainment，IVI）、数字仪表（Digital Instrument Cluster，DIC）、AR 抬显系统（Head-Up Display，HUD）、数字空调（Digital Climate，DC）、智能驾驶辅助系统（Advanced Driver Assistance System，ADAS）、头枕显示屏（Headrest Display Screen，HDS）、智能后视镜（Smart Rearview Mirror，SRM）以及智能转向盘（Smart Steering Wheel，SSW）等。

## 1.1 有关汽车 HMI 设计的 10 个术语

汽车 HMI 设计需要了解的相关概念主要有人机交互界面（HMI）、车载信息娱乐系统（IVI）、数字仪表（DIC）、AR 抬显系统（HUD）、智能后视镜（Smart Rearview Mirror）、智能移动终端 App、数字空调（DC）、智能驾驶辅助系统（ADAS）、智能转向盘（SSW）、车联网（Internet of Vehicles，IoV）、智能网联汽车（Intelligent Connected Vehicle，ICV）、智能座舱（Smart Cockpit）。

汽车 HMI 设计是指汽车智能终端人机界面的视觉、交互和动效以及用户体验设计，是汽车信息及娱乐系统开发的前期工作内容，汽车 HMI 设计是基于 UI 设计的，属于 UI 设计的汽车行业专属分类。

**HMI：** 人机交互界面，是系统和用户之间进行交互和信息交换的媒介。汽车 HMI 是指的人与汽车信息系统之间的互动——操作与信息反馈。

**IVI：** 车载信息娱乐系统，采用车载专用中央处理器，基于车身总线系统和互联网服务，形成的车载综合信息处理系统，如图 1-1 所示。

图 1-1　车载信息娱乐系统（IVI）

**DIC：** 汽车仪表盘是反映车辆各系统工作状况的装置，如报警信息和车身及行车相关信息。汽车仪表盘设计如图 1-2 所示。

图 1-2　汽车仪表盘设计

**HUD：** AR 抬显系统，用来显示汽车当前状态信息的载体，如图 1-3 所示。HUD 是 AR 增强现实技术和 HUD 抬头显示功能的结合，将计算机生成的虚拟信息叠加在三维道路环境中，视觉特效与真实道路元素相匹配，不仅能够拥有更大的视场角和更远的成像距离，而且能够提供更丰富、更直观的信息。

图 1-3　AR 抬显系统（HUD）

SRVM：智能后视镜，可以提供行车记录、GPS 定位、电子测速提醒、倒车可视、实时在线影音娱乐（又称流媒体后视镜），如图 1-4 所示。

图 1-4　智能后视镜（SRVM）

智能移动终端 App：智能移动终端应用控制程序与汽车或汽车相关组件进行控制以及信息互动，如图 1-5 所示。

图 1-5　智能移动终端 App

DC：数字空调，通过手势＋语音识别对空调相关设置进行操作，如图 1-6、图 1-7 所示。

图 1-6　数字空调 1

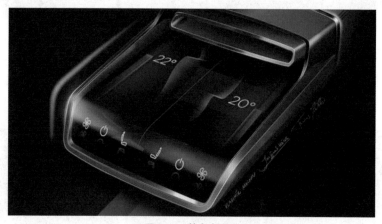

图 1-7　数字空调 2

ADAS：智能驾驶辅助系统，不仅能带给用户全新的驾驭感受，让消费者的驾驶体验变得更加轻松、惬意，更重要的是可以让驾驶更加安全，全方位满足用户对"安全、便捷"的体验需求，如图 1-8 所示。

智能转向盘：用户界面中的媒体、导航、联系人、天气和巡航功能都可以通过 3D 拇指控件轻松地从方向盘进行控制，从而提供与移动或辅助汽车类似的自然移动用户交互，减少驾驶员分散注意力，如图 1-9 所示。

图 1-8　智能驾驶辅助系统

图 1-9　智能转向盘

车联网：车联网是以车内网、车际网和车载移动互联网为基础，按照约定的通信协议和数据交互标准，在车与车、车辆与互联网之间，进行无线通信和信息交换，以实现智能交通管理控制、车辆智能化控制和智能动态信息服务的一体化网络，它是物联网技术在智能交通系统领域的延伸。

智能网联汽车：是指车联网与智能车的有机联合，是搭载先进的车载传感器、控制器、执行器等装置，并融合现代通信与网络技术，实现车与 X（人、车、路、云端等）智能信息交换、共享，具备复杂环境感知、智能决策、协同控制等功能，可实现"安全、高效、舒适、节能"行驶，并最终可实现替代人来操作的新一代汽车。

智能座舱：汽车智能驾驶舱概念架构有驾驶员监测、环境监测、汽车状态监测、人机交互系统和决策执行系统。

## ▌1.2  汽车座舱和智能座舱的概念

汽车座舱即车内驾驶和乘坐空间。智能座舱是指配备了智能化和网联化的车载产品，从而可以与人、路、车本身进行智能交互的座舱，是人车关系从工具向伙伴演进的重要纽带和关键节点，如图 1-10 所示。

图 1-10  智能座舱设计

智能座舱通过对数据的采集，上传到云端进行处理和计算，从而对资源进行最有效的适配，增加座舱内的安全性、娱乐性和实用性，如图 1-11 所示。

智能座舱主要从 3 个方面来综合考虑：环境、驾驶员和车。其中驾驶员与车之间就是各自的状态监视来触发决策执行系统，从而达到人机交互系统使两者完美融合。

智能座舱的未来形态是"智能移动空间"。在 5G 和车联网高度普及的前提下，汽车座舱将摆脱"驾驶"这一单一场景，逐渐进化成集"家居、娱乐、工作、社交"为一体的智能空间，如图 1-12 所示。

汽车座舱的演进趋势就是从传统座舱到信息座舱，再到智能座舱，最后实现自动驾驶座舱的一个过程。

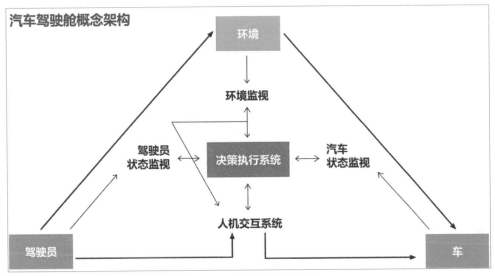

图 1-11　智能座舱设计概念

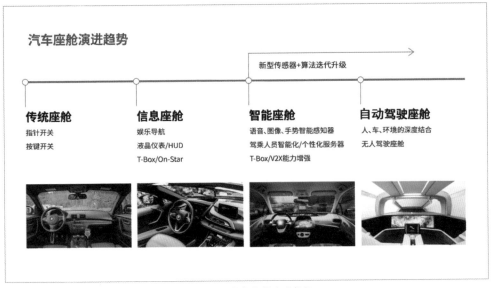

图 1-12　汽车座舱演进趋势

目前汽车的主流形态就是智能座舱，其组成部分如图 1-13 所示。主要由座舱域控制器来完成所有指令，包括 AR 抬显系统（HUD）、液晶仪表、中控屏幕、头枕屏幕、语音、USB 输入、音响系统、互联网和各类传感器等。

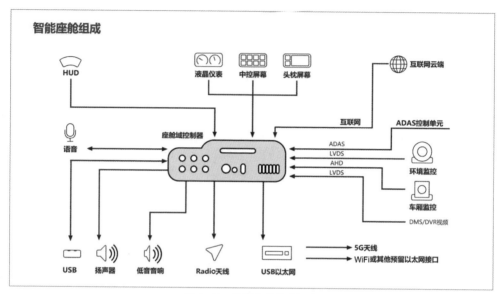

图 1-13　智能座舱组成部分

# 第 2 章
## 汽车座舱的 5 个阶段

汽车智能座舱
发展历程

智能汽车座舱就是将汽车更新改造成一个数字化平台，就像人们现在都在用的智能手机一样；传统汽车座舱只可以用于标示各种各样驾驶工作状况，而智能座舱关键的特征就体现在数字化、智能化两个方面。这类座舱里会安装几个显示器，操作步骤也会从传统的按钮操作改成触碰或语音操作。

智能座舱会跟驾驶员的日常生活、游戏娱乐密切联系在一起，车内有很多可供游戏娱乐及社交的设计方案，可以在车里看电视剧、唱 KTV、打游戏、视频聊天等。

智能座舱还配用多种多样感应器和 AI 产品，可以从驾驶员的习惯、舒适感考虑，给予更舒服的驾驶感受以及安全提示。

同时，车内还可以提供多种多样外部信息内容，如气温、目的地情况、汽车充电桩位置、驾驶时间、路况，且能根据这些数据来分析驾驶员的身心情况，并以此来调节相应的车内变化。

现阶段智能座舱的智能也只是处于初级阶段，如果未来有一天智能座舱可以快速发展到智能化系统级别 Level4 时，驾驶员就可以在离汽车几百米远的地点对车进行远程操控，让汽车自动找到停车位泊车，并驾驶到指定位置。在驾驶中还能够解放驾驶员的双手，由车子自动驾驶到目的地，整个安全问题完全可以放心地托付给汽车的智能系统。

在第 1 章中介绍了有关智能座舱的主要组成部分的概念，在本章中主要讲解汽车座舱的发展历程，目前主要经历 5 个阶段。

### 汽车座舱发展的第 1 阶段

1910 年瑞典，拉什·马格拉斯·爱立信（Lars Magnus Ericsson，爱立信创始人）驱车在瑞典周边行驶，他将车停在路边，随后，他的妻子拿出两个长杆，分别将它们钩在电话线上。爱立信则给电话机插上手柄，然后从运营商处获得信号，在车里进行通话。这便算是最早的车载系统，如图 2-1 所示。

图 2-1　车内打电话

1924 年，雪佛兰与西屋公司合作，打造出了第一款搭载收音机的汽车。

1930 年，由摩托罗拉公司商业化车载收音机量产并配备到了各大汽车品牌中。

1977 年，本田公司研发了一款陀螺仪和 16 位 CPU 导航系统，那时使用导航仪需要用一张印刷有地图的胶片，用特制笔画出目的地位置，每次需要 5 分钟的启动时间，虽然精度差，但导航功能给汽车发展注入了新动力，如图 2-2 所示。

图 2-2　早期汽车导航系统

### 汽车座舱发展的第 2 阶段

20 世纪 80 年代初，本田为汽车安装了全球第一个车载导航仪，宝马到 1994 年才装上车载导航仪。在 1983 年，丰田皇冠 S120 就已经搭载了数字仪表盘和众多电子装置，由最初的最简单功能无显示屏（SCM），逐步增加功能有显示屏（有 OS），车联网及自动驾驶功能大显示屏（多 OS），如图 2-3、图 2-4 所示。

图 2-3　数字仪表盘

图 2-4　早期自动驾驶功能

### 汽车座舱发展的第 3 阶段

自 2012 年特斯拉 Model S 的上市起，汽车行业便开启了数字化座舱的转型，进而为后期升级研发智能座舱迈出了坚实的一步。2012 年后原本用于 BBA（奔驰、宝马、奥迪）等大品牌的液晶大屏逐步开始应用于其他品牌的车型上，软件平台主流由 Win CE 开始向 Android 和多系统平台以及域控制器方向转变，如图 2-5、图 2-6 所示。

图 2-5　智能显示屏 1

图 2-6　智能显示屏 2

## 汽车座舱发展的第 4 阶段

当前座舱内屏幕布局，以多屏、大屏或多连屏的方式，集互联网与自动驾驶功能于一体，设计上体现品牌差异化、个性化，如图 2-7 所示。

图 2-7　汽车座舱发展的第 4 阶段

## 汽车座舱发展的第 5 阶段

　　HMI 及汽车座舱最新设计发展状态与未来一段时间的趋势：汽车智能与网联化的发展除人工智能的深度定制开发外，需再进行社交、出行、支付、预约汽车服务以及娱乐等相关应用整合，实现汽车智能化网联化，从多维度满足用户需求，如图 2-8 所示。

图 2-8　汽车座舱发展的第 5 阶段

总结

20 世纪 80 年代传统汽车零部件供应商博世和英特尔开发出 CAN 总线系统并用于车内 ECU 的通信数据，标志着汽车座舱生态的开始。经过几十年的发展，汽车座舱已经历数字化，当前正处在智能化发展阶段，并且成为各车企追求品牌化和差异化的名片。HMI 及汽车座舱发展概览如图 2-9 所示。

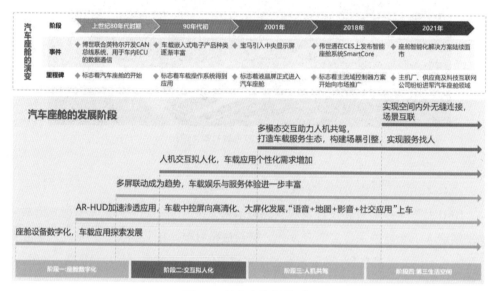

图 2-9　汽车座舱发展概览

# 第 3 章
## 汽车 HMI 设计的行业背景

汽车 HMI 设计
发展背景

汽车 HMI 设计的行业背景，主要受以下 3 个因素的影响，从而迅速发展，给 HMI 设计提供了广阔的空间。

第 1 个影响因素：国家对汽车产业发展战略规划

- 突破传统燃油车技术壁垒：核心部件技术由于国外封锁而难以逾越。
- 低碳环保：中国石油资源不足以满足市场需求及行业发展。
- 政策驱动：国家发展战略规划。

第 2 个影响因素：汽车行业自身发展需要

- 品牌诉求：各车企品牌市场核心。
- 竞争用户需求：用户对汽车的要求不断提高。
- 增量发掘：驱动车企产品竞争力提升市场份额占有率。

第 3 个影响因素：汽车产品自身发展需要

- 新能源：动力能源转型。
- AI（人工智能）：人工智能技术对汽车赋能。
- 新技术：5G、芯片、算力对汽车系统能力提升的推动。

因此，在以上 3 种核心因素的驱动下，各品牌汽车 HMI 设计从品牌调性和用户体验角度出发亟待发展和提高。

对于"新四化"的汽车，其座舱内的设计会有不断进行完善和技术更新迭代的大量设计工作要做，HMI 设计作为其中一部分，在未来的一段时期将会比手机进入智能机时代的热度更高，持续性更久。

汽车"新四化"，即电动化、智能化、网联化、共享化。

电动化是指汽车新能源动力系统领域，即汽车将朝着新能源化方向发展；

智能化是指高级辅助驾驶系统，即汽车将越来越智能和安全；

网联化是指对于车联网的布局，将促进物联网技术的发展，也将让智能汽车之间的互通变得更加高效；

共享化是指共享与移动出行，将为自动驾驶汽车落地执行与普及提供一个良好的实施方案。

接下来详细分析汽车"新四化"方面的内容。

## 电动化、智能化

发展电动汽车是我国从汽车大国迈向汽车强国的必经之路，是应对气候变化、推动绿色发展的重要战略举措。目前，我国在电动汽车产业发展中取得了巨大成就，已经成为世界汽车产业发展转型的重要力量之一。

除了传统汽车转型电动汽车的趋势越来越强烈外，比亚迪、蔚来、理想、小鹏、哪吒等新一代新能源汽车厂家发展势头也非常迅猛。除此之外，互联网造车的新势力也不可小觑，比如在小米之前，已有百度、阿里、华为等企业，纷纷涉及智能汽车相关业务。

随着电动汽车相关政策普及及大众对电动汽车认可度越来越高，欧盟也将从2035 年起禁售的汽油车和柴油车，加速向电动汽车转型，以应对气候变化。

电动汽车已成为大势所趋，在自动驾驶方面，电动汽车承担着重要角色。

传统燃油车主要是以发动机作为动力来源，在发动机工作时，其工作状况不可控，而且容易出现自燃、爆缸等问题，在自动驾驶汽车中，对发动机的控制难度远远高于对电机的控制难度，电动汽车必将是自动驾驶的良好载体。

自动驾驶汽车离不开激光雷达、毫米波雷达、超声波雷达、车载摄像头等感知硬件，在实现自动驾驶汽车普及后，智能座舱的需求也将进一步提升，以车联网为首的物联网需求也将进一步加大，如图 3-1 所示。

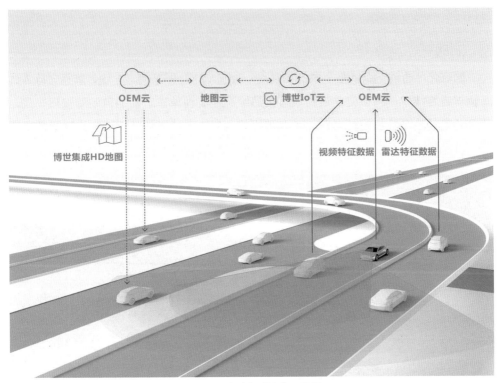

图 3-1　自动驾驶汽车示意图

现阶段单车智能有激光雷达派与车载摄像头派两种感知系统使用方案，其中激光雷达派以谷歌 Waymo 自动驾驶为主。

2012 年 5 月，在美国内华达州允许自动驾驶汽车上路 3 个月后，谷歌得到了第一张无人驾驶汽车车牌。**Waymo** 的商业化始于 2017 年 11 月，在没有人类驾驶员进行辅助的前提下，在美国的凤凰城进行有限度的载客活动。这一方案获得的数据较多且非常全面，可以给自动驾驶系统提供更多的数据支持，但由于激光雷达等感知硬件的价格非常昂贵，该方案现阶段都未得到普及。

车载摄像头派以特斯拉自动驾驶为主，由于成本较低，这一方案已经得到了众多消费者的认可，但由于车载摄像头感知的交通数据并不完全，在出现特殊交通状况时，依旧反应不及时。

不管哪种方案，厂商首先要考虑的是行车安全问题，即有足够的感知数据可以给自动驾驶系统考量，确保乘客的安全；其次就是成本问题，成本将决定技术是否可以完全落地与普及。

### 网联化、共享化

网联化，通俗一点就是车联的物联网，通过 V2X，即车辆与车辆、车辆与行人、车辆与道路技术，将多变的道路信息传递给已经实现单车智能的自动驾驶汽车上，让自动驾驶汽车在执行任务时，可以被提前告知交通的具体状况，在出现紧急状况时可以提前做出相应的反应，使出行过程变得更加高效和安全，如图 3-2 所示。

图 3-2　网联化智能汽车示意图

网联化发展主要分为 3 个阶段。

第 1 阶段，是信息交互协同阶段。可以实现车辆与道路的信息交互与共享，实现诸如碰撞预警、道路危险提示等功能。

第 2 阶段，就是协同感知阶段。在第 1 阶段的基础上，车辆与道路设施实现感知定位。

第 3 阶段，就是协同决策阶段。在协同感知定位的基础上达到对车辆的行驶决策与控制的目的，从而实现全自动驾驶的可能。智能网联的实现可以让车辆在行驶过程中提前做好道路信息的搜集，从而对驾驶行为进行预判。

共享化概念现阶段其实已经非常普及，如共享单车、共享充电宝等共享设施已经深入我们每个人的生活。

Level5 级自动驾驶出现后，自动驾驶汽车将成为大家出行的主要交通工具。只有在自动驾驶汽车普及后，共享化才会成为自动驾驶汽车主要的落地方式，就像现在的共享单车一样。

自动驾驶汽车可以独立完成出行过程，随时随地行驶，无须驾驶员的介入，这就让自动驾驶汽车可以在完成一个出行任务后，再去完成另一个出行任务，可以让自动驾驶汽车效能实现最大化。

自动驾驶汽车的发展现在依旧处于初级阶段，但从汽车"新四化"中我们可以窥探到自动驾驶汽车未来的发展方向，可促进自动驾驶汽车有效落地。

# 第 4 章
## 汽车 HMI 设计发展历程

汽车 HMI 设计
发展历程

汽车 HMI 设计
方法——IVI 视
觉设计

汽车 HMI 设计是随着智能自动驾驶汽车的发展而进入一个更高阶段的需求。本章将汽车 HMI 设计的各个模块与发展阶段展开讲解，在了解汽车 HMI 设计发展历程后，大家才能有的放矢地做好汽车 HMI 设计。

## 4.1 汽车 HMI 仪表盘设计

1902 年，史上首个汽车使用的磁化机械式车速表开启了汽车仪表的发展历程。至 1910 年前后，最初的转速表被安装到汽车上，此时才有了汽车仪表 UI 设计的雏形。

1976 年，阿斯顿·马丁 Lagonda Series 2 成为史上第一款设有全数码仪表显示的量产车。如今，汽车仪表盘经历了磁化机械仪表、电气仪表、单色段码屏组合仪表、彩色组合屏仪表、全液晶数字屏仪表和大屏液晶真彩色仪表阶段，如图 4-1 ～图 4-6 所示。

图 4-1　磁化机械仪表

图 4-2　电气仪表

图 4-3　单色段码屏组合仪表

图 4-4　彩色组合屏仪表

图 4-5　全液晶数字屏仪表

图 4-6 大屏液晶真彩色仪表

## ▎4.2 断码屏汽车 HMI 仪表的 UI 设计

在汽车座舱 HMI 仪表 UI 设计发展历程，普通的中低端车型的仪表长期以单色液晶 UI 设计为主。汽车仪表的 UI 设计最早是基于单色屏，UI 输出的图片为 1 位的 BMP 格式，是黑白色的，这也是为什么近距离看是像素图或点阵图，这样的显示屏也叫段码屏，如图 4-7、图 4-8 所示。

图 4-7 断码屏设计 1

图 4-8 断码屏设计 2

# 4.3　汽车 IVI 的 UI 设计

汽车座舱各阶段 HMI 设计中 IVI（车载娱乐系统）的 UI 设计是怎样变化的呢？

OEM（Original Equipment Manufacturer，原始设备制造商）的低端车型中，2010 年前后到 2016 年前后的汽车座舱 HMI 设计，当时称为音响娱乐导航系统。当时的 UI 设计呈现先简后繁（拟物化及个性化）再到简（扁平化与个性化）的发展状态，如图 4-9 ～图 4-14 所示。

图 4-9　汽车 IVI 的 UI 设计 1

图 4-10　汽车 IVI 的 UI 设计 2

图 4-11　汽车 IVI 的 UI 设计 3

图 4-12　汽车 IVI 的 UI 设计 4

图 4-13　汽车 IVI 的 UI 设计 5

图 4-14　汽车 IVI 的 UI 设计 6

## ▎4.4 汽车 HMI IVI UI 设计的进化

汽车 HMI 设计发展历程中有一个阶段：IVI 的 UI 设计到 HMI IVI UI 设计的进化，主要应用在中高端车型，这里主要以 BBA 为例。

2010 年前后至 2022 年的汽车座舱 HMI 设计个性比较强，其品牌原厂配置已经有了导航功能。

奔驰的汽车 HMI 设计发展参考如图 4-15 ～图 4-18 所示。

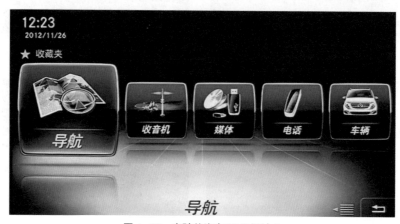

图 4-15　奔驰的汽车 HMI 设计 1

图 4-16　奔驰的汽车 HMI 设计 2

图 4-17　奔驰的汽车 HMI 设计 3

图 4-18　奔驰的汽车 HMI 设计 4

宝马的汽车 HMI 设计发展如图 4-19～图 4-22 所示。

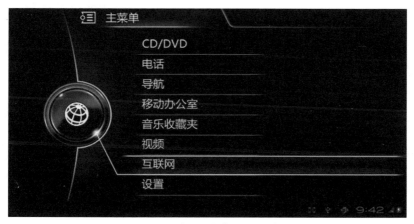

图 4-19　宝马的汽车 HMI 设计 1

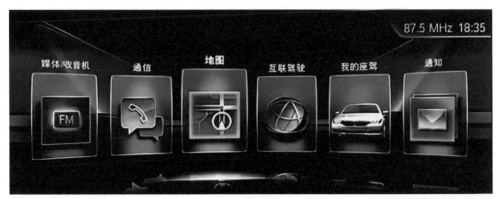

图 4-20　宝马的汽车 HMI 设计 2

图 4-21　宝马的汽车 HMI 设计 3

图 4-22　宝马的汽车 HMI 设计 4

奥迪的汽车 HMI 设计发展如图 4-23 ～图 4-25 所示。

图 4-23　奥迪的汽车 HMI 设计 1

图 4-24　奥迪的汽车 HMI 设计 2

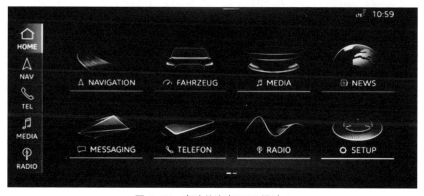

图 4-25　奥迪的汽车 HMI 设计 3

## ▌4.5　汽车 HMI 设计音响娱乐导航系统的发展

　　2010 年前后的汽车座舱 HMI 设计之音响娱乐导航系统的 UI 设计也呈现先简后繁再至简的发展状态，如图 4-26～图 4-31 所示。

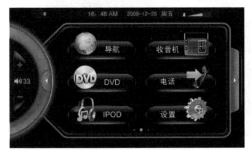 

图 4-26　音响娱乐导航系统 HMI 设计典型 1　　　　图 4-27　音响娱乐导航系统 HMI 设计典型 2

图 4-28　音响娱乐导航系统 HMI 设计典型 3　　　　图 4-29　音响娱乐导航系统 HMI 设计典型 4

图 4-30　音响娱乐导航系统 HMI 设计典型 5　　　　图 4-31　音响娱乐导航系统 HMI 设计典型 6

总结

汽车 HMI 视觉设计总体趋势：不管是 OEM 还是 ODM（Original Design Manufacturer，原始设计制造商）的设计，基本都是根据不同时期的设计大潮而进化的，一方面既注重相应的潮流走向，另一方面更加注重设计审美、个性化以及品牌化。

# 第 5 章
## 汽车 HMI 设计的软硬件基础

汽车 HMI 设计
基于的系统平台

　　HMI（人机界面）产品由硬件和软件两部分组成。汽车 HMI 设计的硬件架构部分包括处理器、通信接口、显示单元、输入单元、数据存储单元等，其中，处理器的性能决定了 HMI 产品性能的高低，就像计算机的 CPU 处理器决定计算机的速度一样，这是 HMI 的核心。

　　根据汽车 HMI 的产品等级不同，处理器可分别选用 8 位、16 位、32 位、64 位的处理器。汽车 HMI 设计的软件架构的软件分为两部分，一部分是运行于 HMI 硬件中的系统软件，即汽车操作系统（Car-OS），是一管理车载计算机硬件与软件资源的程序，同时也是计算机系统的内核与基石；另一部分是运行于 PC 操作系统下的画面组态软件。使用者都必须先使用 HMI 的画面组态软件来制作汽车 HMI"工程文件"，再通过 PC 和 HMI 产品的串行通信口，把编制好的"工程文件"下载到 HMI 的处理器中运行。

## 5.1　汽车 HMI 设计屏幕类型

　　汽车 HMI 及座舱的布局方式有竖屏、悬浮一字屏、经典屏、PAD 屏和一体屏。

　　竖屏（IVI）以蔚来 ES6 为代表，悬浮一字屏以凯迪拉克 LYRIQ 为代表，经典屏以 BBA（宝马、奔驰、奥迪）为代表，PAD 屏以小鹏 P7 为代表，一体屏以林肯 Z 为代表。

蔚来 ES6 汽车 HMI 竖屏布局如图 5-1 所示。

图 5-1 蔚来 ES6 汽车 HMI 竖屏布局

凯迪拉克 LYRIQ 汽车 HMI 悬浮一字屏布局如图 5-2 所示。

图 5-2 凯迪拉克 LYRIQ 汽车 HMI 悬浮一字屏布局

奥迪 A7 汽车 HMI 经典屏布局如图 5-3 所示。

图 5-3　奥迪 A7 汽车 HMI 经典屏布局

小鹏 P7 汽车 HMI 的 PAD 屏布局如图 5-4 所示。

图 5-4　小鹏 P7 汽车 HMI 的 PAD 屏布局

林肯 Z 汽车 HMI 的一体屏布局如图 5-5 所示。

图 5-5　林肯 Z 汽车 HMI 的一体屏布局

# 5.2　汽车 HMI 设计的系统平台

汽车 HMI 设计当前基于的系统平台，由最初的 SCM 承载逐步发展到主流为 Win CE 平台至多系统平台或多系统平台互联互通（域控制器）以及未来万物互联共用一种系统平台的方向。华为鸿蒙 OS 将成为自主品牌在汽车上的主流系统。在这里给大家简单说明一下，涉及行车状态和行车信息以及车身控制的终端设备需要安全稳定和及时性方面考量，对系统性能要求会比较高，像仪表一般都用 Linux 系统与 HMI 界面工具 KANZI 或 Unity 3D；中控或副驾娱乐系统一般用 Android 或 Linux 系统。

汽车座舱系统平台应用说明，如图 5-6 所示。

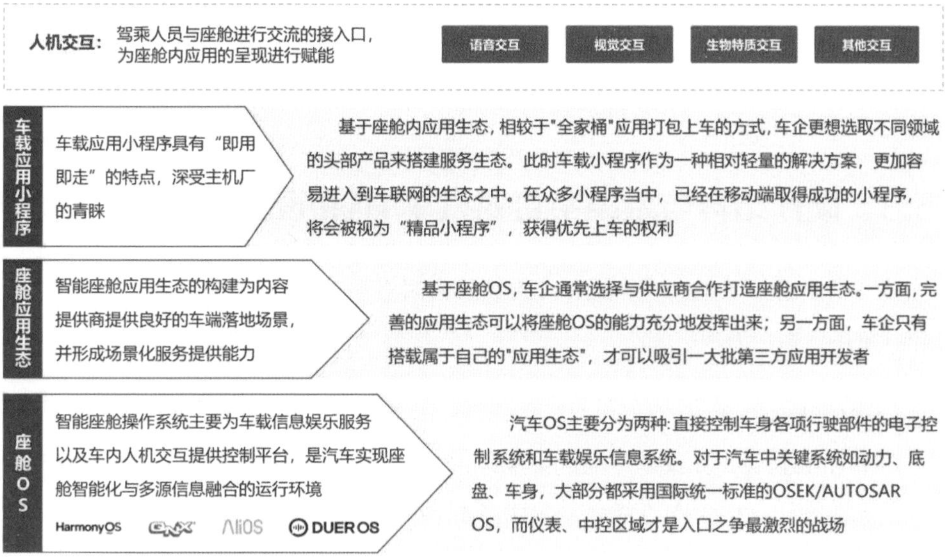

图 5-6　汽车座舱系统平台应用说明

汽车座舱系统平台状态比较说明，如图 5-7 所示。

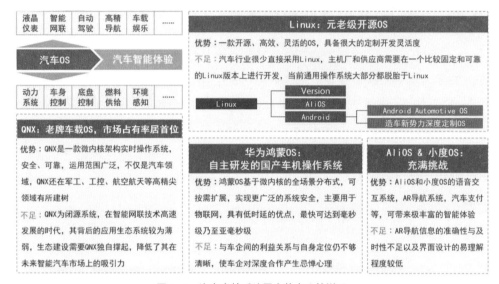

图 5-7　汽车座舱系统平台状态比较说明

# 5.3　硬件结构与系统平台对汽车 HMI 设计的影响

接下来了解一下座舱硬件结构和系统平台对汽车 HMI 设计的影响，主要包括硬件与系统平台两个方面。

1. 硬件结构维度

汽车 HMI 设计，如果从专业的维度来讲，应该是同车型造型设计开始时就着手，进行概念图设计。概念图不能仅从只为了配合内饰设计，放一张图而已，而是应该开始正式进行开展 HMI 的视觉设计和根据屏幕长宽比以及屏幕在座舱内的位置关系进行初步的交互设计工作。此时，汽车 HMI 的视觉设计应依据品牌和车型定位的调性，受众群体进行有针对性的方向定调；汽车 HMI 交互设计则依据车型产品功能诉求、屏幕在座舱内的位置布局和横纵向特点进行符合本车人机工程学的交互方式定制化地开展最基础的定调。

2. 系统平台维度

系统平台维度如图 5-8 所示。

| 车载OS | 优势 | 劣势 | 现状及趋势 | 合作企业 |
|---|---|---|---|---|
| QNX | 授权费用低、安全性能高 实时性强、开发支持良好 | 需要授权费用 只应用在较高端车型产品上 兼容性较差 | 市场主导地位 功能安全性出众 未来发展可期 | 通用、雷克萨斯、路虎、大众、 丰田、宝马、现代、福特、 日产、奔驰等 |
| Linux | 性能稳定、易于剪裁 方便定制、高效灵活 | 应用生态不完善 技术支持差 开发周期长 | 随着车联网、ADAS的介入, 将得到进一步发展 | 丰田、日产、特斯拉等 |
| Android | 拥有庞大的手机用户群体 已推出车规版操作系统 应用生态强大 | 安全性、稳定性较差 无法适配仪表盘等安全性要求高的部件 | 市场份额增加 目前已占据一席之地, 也面临大量挑战 | 奥迪、通用、本田、蔚来、小鹏、 吉利、比亚迪、博泰、英伟达等 |
| Win CE | 性能稳定 微软提供系统、应用和服务支持 | 高度模块化的开发流程使得开发用户越来越少 应用越来越匮乏, 慢慢退出 | Win CE停止更新, 逐渐退出市场 | 菲亚特、日产、起亚、福特、 宝骏、Sync 1、Sync 2 等 |

图 5-8　汽车 HMI 设计系统平台维度

　　单从汽车 HMI 的界面视觉设计上来说,以上不同主流的系统平台影响基本可以忽略。需要注意的是,手机 App 端在设计时除了风格上保持一致性,还要考虑设计稿输出后车载终端和手机端或相关联的设备适配。

　　软硬件平台非一致性以及各大品牌的相对独立导致没有统一的设计规范遵循。

　　如果 HMI 界面开发工具不同(如 QT、KANZI 或 Unity 3D),在输出上有一定的差异化,不过其主体基本没有差异,差异化的是软件开发的习惯性实现方式。

# 第 6 章
## 汽车 HMI 设计的调性和风向

汽车 HMI 设计
特点

汽车 HMI 设计的重要环节是概念设计，概念设计中的一个重要阶段就是 HMI 设计的调性。

目前汽车 HMI 设计的调性主要往潮流化方向发展，有暗色系、浅色系、灰色系、经典暗色系、个性化中性混合色系、个性化浅色混合色系等。

汽车 HMI 潮流化的视觉设计在 ODM 和 OEM 中低端车型应用比较普遍，主要是向受众群体呈现时尚、靓丽、轻量化、互联网潮流调性的视觉效果。

潮流化暗色系的汽车 HMI 设计风格，如图 6-1 所示。

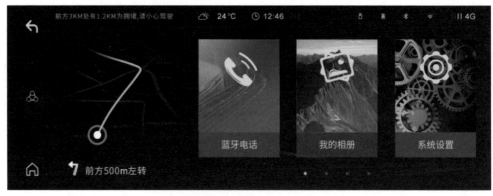

图 6-1　潮流化暗色系的汽车 HMI 设计风格

互联网端潮流化浅色系的汽车 HMI 设计风格，如图 6-2 所示。

图 6-2　互联网端潮流化浅色系的汽车 HMI 设计风格

潮流化灰色系的汽车 HMI 设计风格，如图 6-3、图 6-4 所示。

图 6-3　潮流化灰色系的汽车 HMI 设计风格 1

图 6-4　潮流化灰色系的汽车 HMI 设计风格 2

经典暗色系的汽车 HMI 设计风格，如图 6-5 ～图 6-8 所示。

图 6-5　经典暗色系的汽车 HMI 设计风格 1

图 6-6　经典暗色系的汽车 HMI 设计风格 2

图 6-7　经典暗色系的汽车 HMI 设计风格 3

图 6-8　经典暗色系的汽车 HMI 设计风格 4

　　经典暗色的视觉设计之前主要是 OEM 中高端车型定调比较普遍，主要是向受众群体呈现稳重、科技、高端、传统配色调性的视觉效果。

　　个性化中性混合色系的汽车 HMI 设计风格，如图 6-9 ～图 6-14 所示。

　　中性混合色系 HMI 视觉设计主要是 OEM 中高端新能源车型定调的方向，主要是向受众群体呈现科技、个性而不张扬、基于深与浅色中间调性的视觉效果。

图 6-9　个性化中性混合色系的汽车 HMI 设计风格 1

图 6-10　个性化中性混合色系的汽车 HMI 设计风格 2

图 6-11　个性化中性混合色系的汽车 HMI 设计风格 3

图 6-12　个性化中性混合色系的汽车 HMI 设计风格 4

图 6-13　个性化中性混合色系的汽车 HMI 设计风格 5

图 6-14　个性化中性混合色系的汽车 HMI 设计风格 6

个性化浅色混合色系的汽车 HMI 设计风格，如图 6-15、图 6-16 所示。

图 6-15　个性化浅色混合色系的汽车 HMI 设计风格 1

图 6-16　个性化浅色混合色系的汽车 HMI 设计风格 2

个性化浅色系 HMI 视觉设计主要是 OEM 中高端车型偏向年轻调性的方向，主要是向受众群体呈现静谧、科技、高端、清爽配色调性的视觉效果。

扁平互联网灰色系的汽车 HMI 设计风格，如图 6-17 ～图 6-20 所示。

图 6-17　扁平互联网灰色系的汽车 HMI 设计风格 1

图 6-18　扁平互联网灰色系的汽车 HMI 设计风格 2

图 6-19　扁平互联网灰色系的汽车 HMI 设计风格 3

图 6-20　扁平互联网灰色系的汽车 HMI 设计风格 4

扁平互联网灰色系纵向屏，如图 6-21、图 6-22 所示。

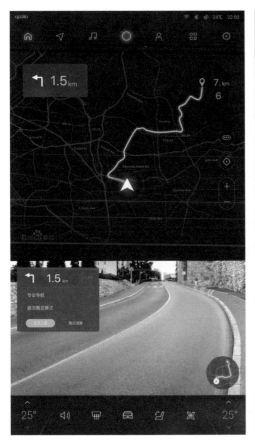

图 6-21　扁平互联网灰色系纵向屏 1

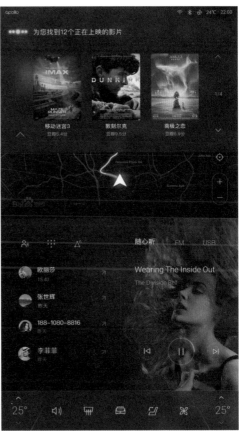

图 6-22　扁平互联网灰色系纵向屏 2

# 第 7 章
## 汽车 HMI 视觉设计的核心要素

汽车 HMI 设计方
法——色感维度

汽车 HMI 设计
难点解析

汽车 HMI 设计与移动端 UI 视觉设计的差异主要体现在设计配色、画面布局与设计受限 3 个方面。

设计配色：移动端的设计配色主色大多以浅色调为主，而汽车 HMI 的设计配色主色以深色调为主。

画面布局：移动端视觉设计画面布局总体上比较相近（屏幕方式相对单一），而汽车 HMI 设计的画面布局方式多种多样，主要是受不同品牌追求个性化、差异化的影响。

设计受限：移动端的视觉设计受限行业偏向性影响，以体现产品或服务特性为主旨；而汽车 HMI 的视觉设计受限本车内饰设计的气质调性，在符合调性的前提下还需提升艺术美感、科技感、潮流化等更高的视觉表现，提升格调。

## 7.1 设计配色

通用 App 视觉设计，如图 7-1 ～图 7-3 所示。

图 7-1　通用 App 视觉设计 1

图 7-2　通用 App 视觉设计 2

图 7-3　通用 App 视觉设计 3

个性化 App 视觉设计，如图 7-4～图 7-6 所示。

图 7-4　个性化 App 视觉设计 1

图 7-5　个性化 App 视觉设计 2

图 7-6　个性化 App 视觉设计 3

汽车 App 视觉设计，如图 7-7～图 7-9 所示。

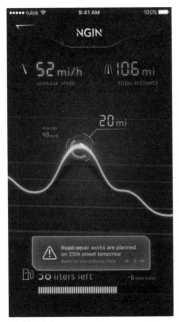

图 7-7　汽车 App 视觉设计 1

图 7-8　汽车 App 视觉设计 2

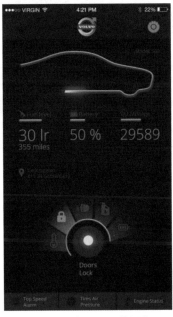

图 7-9　汽车 App 视觉设计 3

汽车 HMI 视觉设计配色的偏向性。

1. 主色暗色 + 色相（高饱和与高明度）

色彩搭配对比强烈，视觉冲击力强，容易"提神醒脑"，有科技感且传统稳重，如图 7-10、图 7-11 所示。

图 7-10　主色暗色 + 色相的汽车 HMI 视觉设计的风格 1

图 7-11　主色暗色 + 色相的汽车 HMI 视觉设计的风格 2

2. 主色高级灰 + 色相（高明度 + 低饱和度）

对比度高又"娇而不艳"，视觉感受相对比较轻松，有时尚活力，如图 7-12、图 7-13 所示。

图 7-12　主色高级灰 + 色相的汽车 HMI 视觉设计的风格 1

图 7-13　主色高级灰 + 色相的汽车 HMI 视觉设计的风格 2

### 3. 主色中性混合色 + 色相（低饱和 + 低明度）

此配色方式是基于第 1 种和第 2 种中间的配色方式，以体现轻奢、色感与对比相对柔和、华丽且低调、蕴藏内含，如图 7-14、图 7-15 所示。

图 7-14　主色中性混合色 + 色相的汽车 HMI 视觉设计的风格 1

图 7-15　主色中性混合色 + 色相的汽车 HMI 视觉设计的风格 2

### 4. 主色中性混合浅色 + 色相（低饱和与高明度）

此配色方式相是类似于白天模式的配色方式（此配色方在车内所体现的设计感并不好，单调且对比和层次感较弱，基本会被淘汰），视觉效果清爽、简洁明快、色彩温润而靓丽、艺术感强烈，个性化突出，是相对于白天浅色模式与中性灰色混合配色之间的色彩方式，如图 7-16、图 7-17 所示。

图 7-16　主色中性混合浅色 + 色相的汽车 HMI 视觉设计的风格 1

图 7-17　主色中性混合浅色 + 色相的汽车 HMI 视觉设计的风格 2

总之，视觉设计主题方案的风格和配色方式的构思需依据车型内饰调性和车型受众群体定位而进行配色与调色。

## 7.2　形态与样式的协调性

我们这里所说的形态指的是仪表（Cluster）形态、表头造型和车载信息娱乐系统（IVI）页面关键元素也需要与定调好的视觉风格调性一致，如卡片形态和必要的修饰元素形态保持协调和关联，设计风格和色彩调性保持协调。

（1）暗色 / 赛博朋克，扁平简约风格，如图 7-18、图 7-19 所示。

图 7-18　暗色 / 赛博朋克，扁平简约风格设计 1

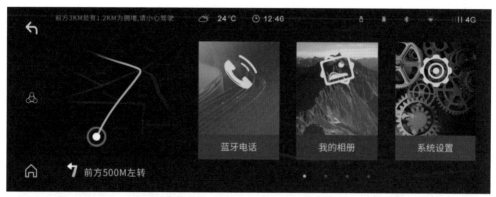

图 7-19　暗色 / 赛博朋克，扁平简约风格设计 2

（2）暗色 / 蓝色，扁平科技风格，如图 7-20、图 7-21 所示。

图 7-20　暗色 / 蓝色，扁平科技风格设计 1

图 7-21　暗色 / 蓝色，扁平科技风格设计 2

（3）暗色 / 绿色，极简科技风格，如图 7-22、图 7-23 所示。

图 7-22　暗色 / 绿色，极简科技风格设计 1

图 7-23　暗色 / 绿色，极简科技风格设计 2

（4）暗色 / 蓝色，抽象写实科技风格，如图 7-24、图 7-25 所示。

图 7-24　暗色 / 蓝色，抽象写实科技风格设计 1

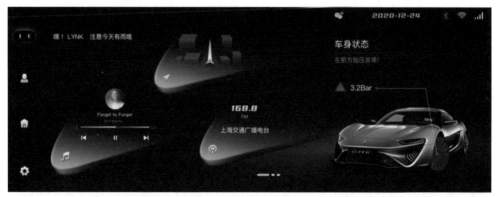

图 7-25　暗色 / 蓝色，抽象写实科技风格设计 2

# ▌7.3　设计版面布局

汽车 HMI 设计的版面怎样布局是贯穿设计全过程的。汽车 HMI 视觉设计的布局有一定的规范要遵循，其布局遵循常显信息、提示信息和警告警报信息三类进行全局统筹；IVI 的布局区分显示屏纵横及长宽比，State Bar（汽车各类状态显示，如轮胎气压、油耗提示等）、Dock Bar（汽车功能栏，如空调、互联网、电话等）属基本固定位置，Launcher（车载桌面系统）则依据显示屏特点及产品核心功能与产品定位的偏向性进行布局排版。

仪表设计版面布局，如图 7-26 ～图 7-28 所示。

图 7-26　仪表设计版面布局 1

图 7-27　仪表设计版面布局 2

图 7-28　仪表设计版面布局 3

IVI 设计的版面布局，如图 7-29 ～图 7-31 所示。

图 7-29　IVI 设计的版面布局 1

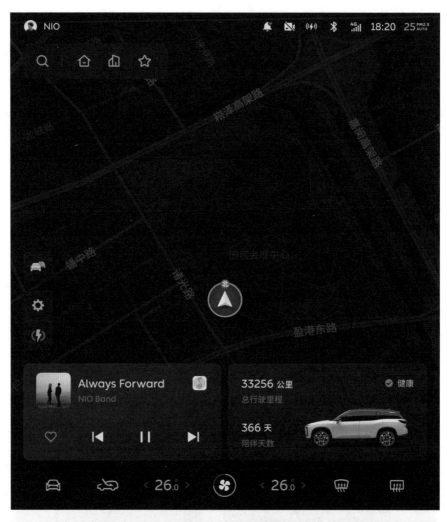

图 7-30　IVI 设计的版面布局 2

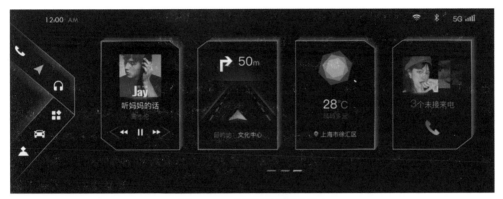

图 7-31　IVI 设计的版面布局 3

　　汽车 HMI 视觉设计对比与层次感。汽车 HMI 视觉设计除配色、形态、布局外，如果想在设计感上有比较好的视觉效果，需要在元素与背景、元素与元素间处理好他们的层次感和对比度，恰到好处地提升画面的视觉效果和信息的辨识度。

　　对比度和层次感主要是指，设计好的背景本身需要一定的层次感、形态与背景、元素与背景、元素与元素在色彩、大小、位置关系层面要体现出各自相对合理的依存状态，如图 7-32 ～图 7-34 所示。

图 7-32　汽车 HMI 视觉设计对比度与层次感 1

图 7-33　汽车 HMI 视觉设计对比度与层次感 2

图 7-34　汽车 HMI 视觉设计对比度与层次感 3

# 第 8 章
## 汽车 HMI 视觉设计的原则与理念

汽车 HMI 设计
原则与理念

本章主要讲解汽车 HMI 视觉设计遵循的基本原则和理念。

汽车 HMI 视觉设计是有特定的基础条件限制的，目前完全自动驾驶技术尚未成熟，行车安全是在设计过程中首先要考虑的，这是一条最基本的原则。如果仅追求视觉美感在汽车 HMI 视觉设计中是不可取的，作为汽车 HMI 视觉设计师难点是怎样找到或把控好视觉美感与产品核心诉求的最佳契合点，同时视觉美感也受限于呈现后是否增加了用户的操作难度和不便捷性以及视觉疲劳等，其实合理的、美感度高的视觉设计有助于用户体验的提升，如图 8-1、图 8-2 所示。

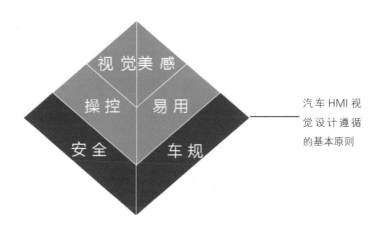

汽车 HMI 视觉设计遵循的基本原则

图 8-1　汽车 HMI 视觉设计遵循的基本原则 1

耐疲劳的色彩与配色

品牌调性

准确定义元素和风格

准确操控和易用的交互　　高辨识度和减少学习成本

合理的排版布局　　适于驾车环境的操控

不影响驾驶安全

图 8-2　汽车 HMI 视觉设计遵循的基本原则 2

# 8.1　汽车 HMI 视觉设计的创新思路

　　汽车 HMI 视觉设计创意思路和灵感来源路径。如果仅仅做汽车 HMI 的各模块延展设计相对来说比较容易一些，因为设计的风格调性前期已定调好了，再加上对视觉规范做了定义，版面布局与交互设计的原型图基本成型，具体的工作是对交互原型线框图进行高保真设计，难点是有些模块的功能点要依据主题风格进行创新及创意性的设计工作，同时要保持好风格调性的高度一致。这里给大家介绍怎样打开创意思路。

　　前期主题风格创新创意思路及灵感来源可以从色彩创新、画面（背景）设计创新、元素设计创新等方面来考虑。

　　色彩创新思路：寻找流行或能体现高阶的配色来源，如平面设计、场景渲染等，如图 8-3 ～图 8-8 所示。

图 8-3　色彩创新思路 1

图 8-4　色彩创新思路 2

图 8-5　色彩创新思路 3

图 8-6　色彩创新思路 4

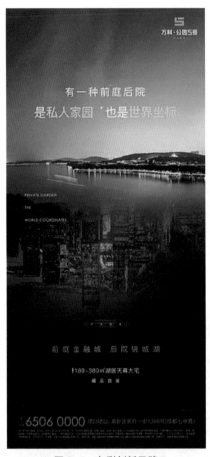

图 8-7　色彩创新思路 5

图 8-8　色彩创新思路 6

画面（主要指背景）设计创新思路：寻找能体现画面感的灵感来源，如地产、珠宝、科技产品海报设计，以及抽象唯美的场景渲染图等，如图 8-9 ～图 8-14 所示。

图 8-9　画面设计创新思路 1

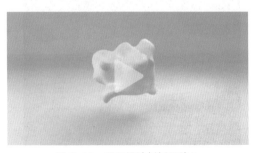

图 8-10　画面设计创新思路 2

图 8-11　画面设计创新思路 3

图 8-12　画面设计创新思路 4

　　元素设计创新思路：寻找能展现符合画面感设计调性形态、样式的灵感来源，如工业产品设计、Logo 设计、PPT、游戏界面、KV、智能穿戴 UI、智能家居 UI 设计、数据大屏 UI 设计等，如图 8-15 ～图 8-22 所示。

图 8-13 画面设计创新思路 5

图 8-14 画面设计创新思路 6

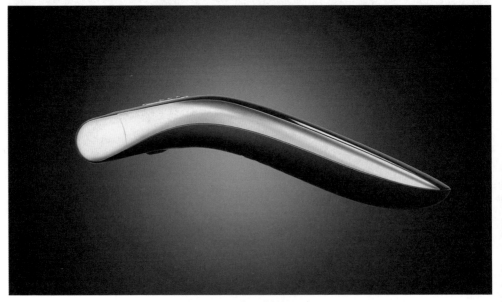

图 8-15 元素设计创新思路 1

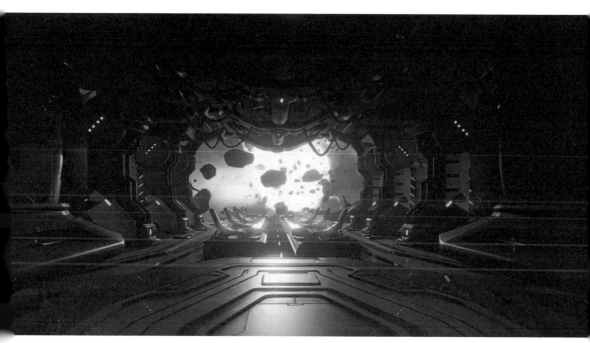

图 8-16　元素设计创新思路 2

图 8-17　元素设计创新思路 3

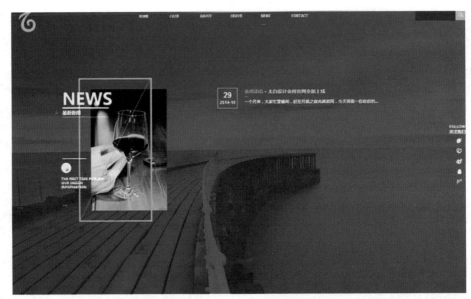

图 8-18　元素设计创新思路 4

图 8-19　元素设计创新思路 5

图 8-20　元素设计创新思路 6

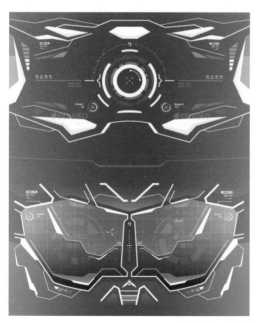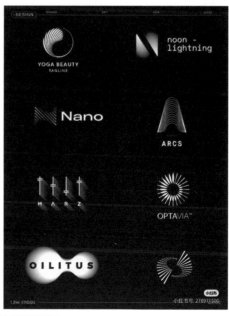

图 8-21　元素设计创新思路 7

图 8-22　元素设计创新思路 8

## 8.2　汽车 HMI 视觉主题设计方法

### 汽车 HMI 视觉主题设计风格定调方法

汽车 HMI 的视觉设计经过产品的定位、需求的深刻理解以及对标分析后，根据前面归纳的风格调性创新思路，就可以选择其中的一种进行前期的设计构思，发散思维。汽车 HMI 视觉主题设计的方法主要包括以下 6 种。

（1）对色彩及配色方式的定调；

（2）对背景意境的定调；

（3）对仪表形态的定调；

（4）对信息娱乐系统卡片样式（符合整体风格调性）的定调；

（5）对字体选用（字体形态符合整体风格调性）；

（6）对语音形象（VPA）的原型风格定调（立体形象或抽象形态样式）。

有了明确的设计方向和思路后再进行草图布局，并利用计算机绘制。

对色彩搭配的定调，如图 8-23～图 8-29 所示。

图 8-23　对色彩搭配的定调 1

图 8-24　对色彩搭配的定调 2

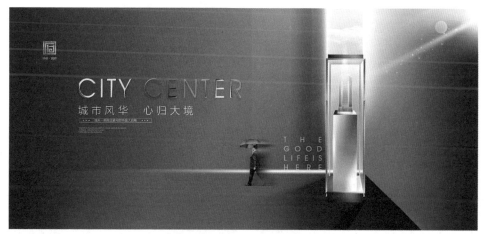
图 8-25　对色彩搭配的定调 3

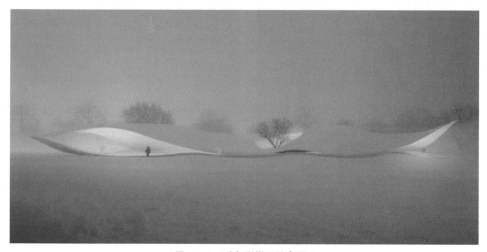
图 8-26　对色彩搭配的定调 4

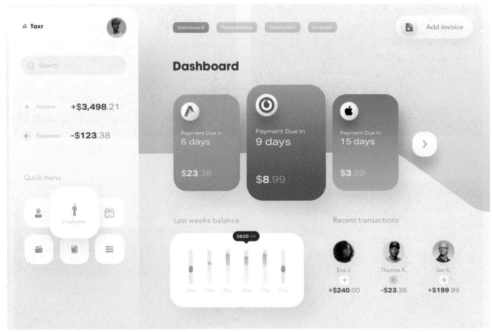

图 8-27　对色彩搭配的定调 5

图 8-28　对色彩搭配的定调 6

图 8-29　对色彩搭配的定调 7

对背景意境的定调，如图 8-30～图 8-35 所示。

图 8-30　对背景意境的定调 1

图 8-31　对背景意境的定调 2

图 8-32　对背景意境的定调 3

图 8-33　对背景意境的定调 4

图 8-34　对背景意境的定调 5

图 8-35　对背景意境的定调 6

对仪表形态的定调，如图 8-36 ～图 8-41 所示。

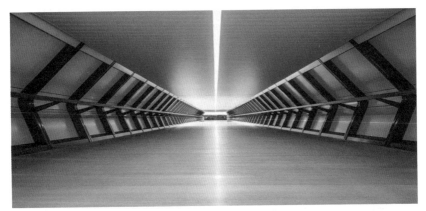

图 8-36　对仪表形态的定调 1

图 8-37　对仪表形态的定调 2

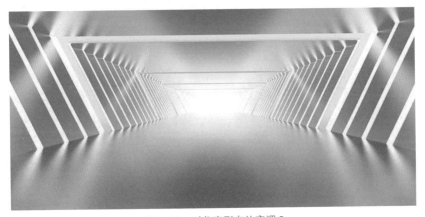

图 8-38　对仪表形态的定调 3

图 8-39　对仪表形态的定调 4

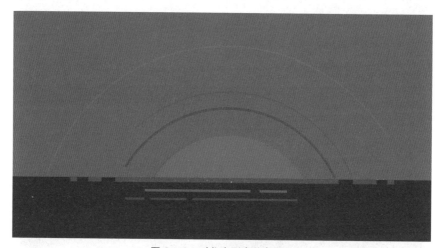

图 8-40　对仪表形态的定调 5

图 8-41　对仪表形态的定调 6

对信息娱乐系统卡片样式（符合整体风格调性）的定调，如图 8-42 ～图 8-46 所示。

图 8-42　对信息娱乐系统卡片样式的定调 1

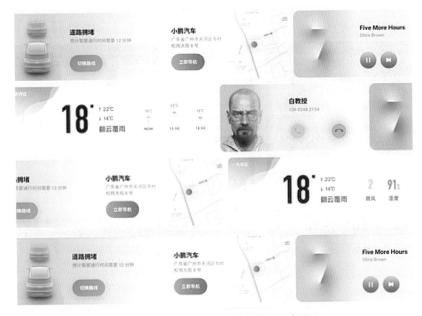

图 8-43　对信息娱乐系统卡片样式的定调 2

图 8-44  对信息娱乐系统卡片样式的定调 3

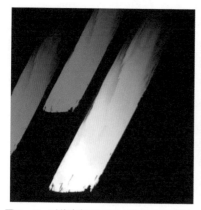

图 8-45  对信息娱乐系统卡片样式的定调 4

图 8-46  对信息娱乐系统卡片样式的定调 5

字体形态应符合整体风格调性，如图 8-47 ～图 8-54 所示。

图 8-47　字体选用 1

图 8-48　字体选用 2

图 8-49　字体选用 3

图 8-50　字体选用 4

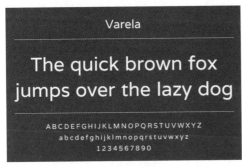

图 8-51　字体选用 5

图 8-52　字体选用 6

图 8-53　字体选用 7

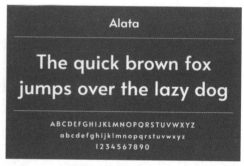

图 8-54　字体选用 8

注意：有品牌字库最佳，也可中英文选一种，最多中文、英文各一种字体。

对语音形象（VPA）的原型风格定调（立体形象或抽象形态样式），如图 8-55 ～图 8-58 所示。

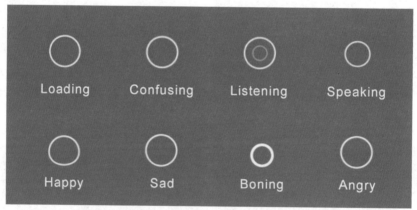

图 8-55　对 VPA 的原型风格定调 1

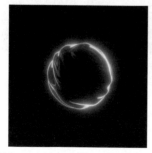

图 8-56　对 VPA 的原型风格定调 2

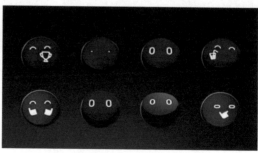

图 8-57　对 VPA 的原型风格定调 3

图 8-58　对 VPA 的原型风格定调 4

### 汽车 HMI 视觉主题设计色感维度

汽车 HMI 视觉设计色感体现很重要的方面是要注重背景上的色感。操作方面主要通过以下 4 个方面来实现。

（1）通过合理的调色，背景效果能体现品牌调性与车型针对市场的定位；

（2）合理的背景调色设计是艺术和产品诉求高度契合的产物；

（3）背景是 HMI 信息和元素的载体，色彩调性、占比、明度、饱和度以及背景呈现的意境，是主体形态和信息的最佳配角（更好地衬托作用）；

（4）在对主色、配色和辅色在色相、饱和度、明度需要有很好的协调性。

如图 8-59～图 8-64 所示为汽车 HMI 视觉主题设计色感维度。

图 8-59　汽车 HMI 视觉主题设计色感维度 1

图 8-60　汽车 HMI 视觉主题设计色感维度 2

图 8-61　汽车 HMI 视觉主题设计色感维度 3　　　图 8-62　汽车 HMI 视觉主题设计色感维度 4

图 8-63　汽车 HMI 视觉主题设计　　　　图 8-64　汽车 HMI 视觉主题设计色感维度 6
　　　　色感维度 5

## 汽车 HMI 视觉主题设计背景意境

汽车 HMI 视觉设计色感体现很重要的方面是要注重背景意境，主要从以下 3 方面考虑。

（1）背景构图可以体现最基本的场景意境，背景意境主要体现在画面的空间感；

（2）合理的背景意境设计是艺术美感和产品设计气质调性的体现；

（3）好的背景意境可以更好地烘托 HMI 信息和元素，更好地衬托它们在场景中的视觉感受。

背景意境灵感来源，可以从暗背景意境，纹理、几何线、面背景意境，插画、混色、CG 渲染背景意境等方面考虑。

暗背景意境，如图 8-65 ～图 8-68 所示。

图 8-65　暗背景意境 1　　　　　　　　　图 8-66　暗背景意境 2

图 8-67　暗背景意境 3

图 8-68　暗背景意境 4

纹理、几何线、面背景意境，如图 8-69、图 8-70 所示。

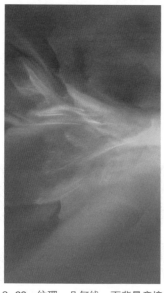 

图 8-69　纹理、几何线、面背景意境 1　　图 8-70　纹理、几何线、面背景意境 2

插画、混色、CG 渲染背景意境，如图 8-71 ～图 8-73 所示。

图 8-71　插画、混色、CG 渲染背景意境 1

图 8-72　插画、混色、CG 渲染背景意境 2

图 8-73　插画、混色、CG 渲染背景意境 3

## 汽车 HMI 视觉设计的变与不变

很多从事汽车 HMI 视觉设计不太长时间的朋友，特别是刚从事汽车 HMI 视觉设计的朋友，对汽车 HMI 视觉设计是有些摸不着头绪的，什么原因呢？总结起来主要是以下两方面的原因。

（1）在做创新设计时没有好的思路，容易被现有的设计所禁锢，原因是自己想要做的设计方案好像都被别人做过了，比较难找到新的设计灵感点进行设计创新。

（2）看到一些别人比较好的设计也想用到自己的设计方案中，但尝试过后感觉效果没有别人的好。

对于以上两个问题，在设计构思的过程中首先要了解汽车 HMI 视觉设计的变与不变，从底层理解汽车 HMI 视觉设计的本质。

比如，仪表与 HUD 在设计内容上有一定的共性，HUD 实际是仪表设计简化版，AR HUD 增加了行车指引信息。

仪表盘设计不变的是常规显示信息（如车速、转速、挡位、水温、电量、总里程、可续航里程，以及各种提示灯和报警灯），如图 8-74 ～图 8-79 所示。

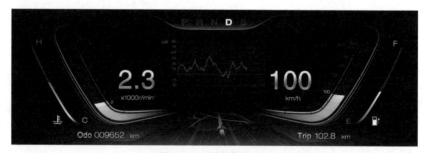

图 8-74　仪表盘设计 1

图 8-75　仪表盘设计 2

图 8–76　仪表盘设计 3

图 8–77　仪表盘设计 4

图 8–78　仪表盘设计 5

　　设计不变的是中控屏上的系统核心功能，特别是首页上核心功能菜单及 DOCK 栏位于左侧布局或位于底部布局以及状态栏位于顶部布局的方式，即中控、副驾、娱乐屏及头枕屏设计整体上保持一致性，如图 8-80 ～图 8-85 所示。

图 8-79　仪表盘设计 6

图 8-80　中控、副驾、娱乐屏及头枕屏设计 1

图 8-81　中控、副驾、娱乐屏及头枕屏设计 2

图 8-82　中控、副驾、娱乐屏及头枕屏设计 3

图 8-83　中控、副驾、娱乐屏及头枕屏设计 4

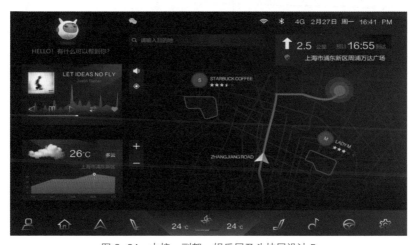

图 8-84　中控、副驾、娱乐屏及头枕屏设计 5

图 8-85　中控、副驾、娱乐屏及头枕屏设计 6

# ▌8.3　汽车 HMI 视觉设计与移动互联网终端的设计关联性

汽车 HMI 视觉设计其实是受限于工业产品技术的，最早是简单的单机界面设计。本书在汽车 HMI 的设计进化历程中是有提到的，最初的显示屏为段码屏，显示色彩单一，图像设计受限于芯片（支持图像的分辨率、图片位深 / 色彩、图片格式，以及图片占位大小），大家可以通过了解手机的界面设计来系统了解汽车 HMI 视觉设计。

1998 年以前，汽车 HMI 视觉设计同手机设计一样都是近"按键为王"的方式，如那时著名的"大哥大"手机。自奔驰 W220 上市后，发生了革命性的变化，如图 8-86 所示。

图 8-86　按键为王的汽车 HMI 视觉设计

自 2006 年以后，汽车 HMI 视觉设计同手机一样由于苹果 iPhone 3C 手机的发布和上市，给予手机和汽车 HMI 视觉设计以颠覆性的发展，屏幕越来越大，界面设计的色彩越来越丰富和绚丽，特别是 2009 年推出的 Android 系统。

汽车 HMI 视觉设计也越来越接近手机的界面设计。2012 年以后，汽车 HMI 视觉设计开始走移动互联网终端的界面的设计路线，特别是 2015 年后，在配色、元素设计风格的表现方式也基本以移动互联网终端为参考。

目前，汽车 HMI 视觉设计上已经在其基础上更加个性化、定制化、差异化、超越化地进行转变发展。

# 第 9 章
## 汽车 HMI 视觉设计方法

汽车 HMI 设计 Cluster 仪表透视构图　　汽车 HMI 设计 Cluster 表头造型　　汽车 HMI 设计 Cluster 仪表模式切换　　汽车 HMI 设计 草图绘制

本章主要讲解汽车 HMI 视觉设计方法，主要从汽车 HMI 各组成部分的关联性、仪表盘设计方法（草图绘制的重要性、空间透视、表头造型、模式切换）、汽车 HMI 的 IVI 设计调性一致等方面展开阐述。

## 9.1　汽车 HMI 各组成部分的关联性

对于汽车 HMI 视觉设计，为了 HMI 的产品功能、信息更好地方便用户获取或调用，并需要在不同的终端设备上重复或重点突出性显示，它们在设计上是要保持一定的关联的，主要体现在以下几方面。

仪表与中控、中控与副驾屏、中控与娱乐屏、中控与副驾及娱乐屏或头枕屏存在一定的主次（受控）和显示信息的通信关联。

仪表与 HUD 在功能与显示信息上会出现信息重复显示。

汽车 HMI 视觉设计师在前期设计构思时需要考虑它们的关联性，我们这里指要了解其交互关联性和对风格、布局一致性进行思考。

仪表与中控的设计关联性：实际上现在的 HMI 视觉设计已经在对其设计的整体性和一致性重视起来了，如图 9-1～图 9-4 所示。

图 9-1　仪表与中控的设计关联性 1

图 9-2　仪表与中控的设计关联性 2

图 9-3　仪表与中控的设计关联性 3

图 9-4　仪表与中控的设计关联性 4

仪表与 HUD 的设计关联性：HUD 主要是将实时和关键行车信息投到挡风玻璃上方便用户获取，如图 9-5 ～图 9-7 所示。

中控与副驾及娱乐屏的设计关联性：HUD 主要是将实时和关键行车信息投到挡风玻璃上方便用户获取。如图 9-8 ～图 9-10 所示。

图 9-5　仪表与 HUD 的设计关联性 1

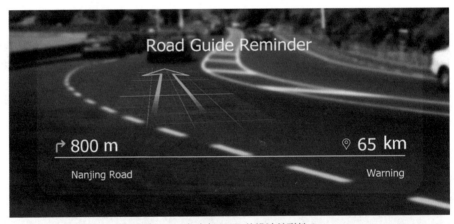

图 9-6　仪表与 HUD 的设计关联性 2

图 9-7　仪表与 HUD 的设计关联性 3

图 9-8　中控与副驾及娱乐屏的设计关联性 1

图 9-9　中控与副驾及娱乐屏的设计关联性 2

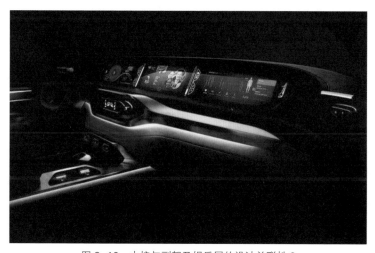

图 9-10　中控与副驾及娱乐屏的设计关联性 3

## 9.2 汽车 HMI 视觉设计中绘制草图的重要性

汽车 HMI 视觉设计工作中很重要的环节是草图绘制，如果在计算机高保真效果图绘制前能做出一版完整性比较好的草图，对于设计方案是否能一气呵成是比较重要的，草图绘制主要能勾绘出场景和造型的协调性以及画面所承载的主要元素的基本布局和位置关系，如果不作草图可能会出现在实际设计过程进行不下去或到关键点时不断被推翻的情况，如图 9-11 ～图 9-16 所示。

图 9-11 汽车 HMI 视觉设计绘制草图 1-1

图 9-12 汽车 HMI 视觉设计草图效果 1-2

图 9-13 汽车 HMI 视觉设计绘制草图 2-1

图 9-14 汽车 HMI 视觉设计草图效果 2-2

图 9-15　汽车 HMI 设计绘制草图 3-1

图 9-16　汽车 HMI 设计草图效果 3-2

## 9.3　汽车 HMI 视觉设计之仪表透视

汽车 HMI 仪表视觉设计非常重要的是表现它的透视性，特别是有设计成双表头的造型时。当然，单表头和无表头也同样需要体现一定的空间透视。下面从各类空间透视展开来阐述，主要从 5 种透视类型来举例说明。

空间透视 1：消失点位于背景的下方，如图 9-17 所示。

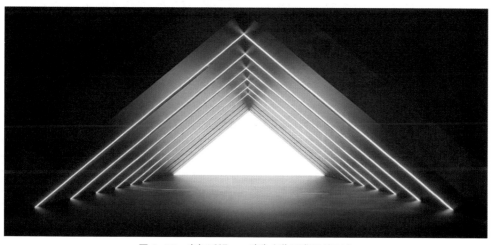

图 9-17　空间透视——消失点位于背景的下方

空间透视 2：消失点位丁背景的上方，如图 9-18 所示。

图 9-18　空间透视——消失点位于背景的上方

空间透视 3：消失点位于背景的中间，如图 9-19 所示。

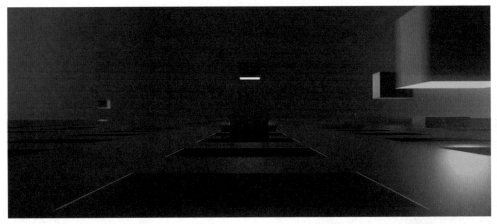

图 9-19　空间透视——消失点位于背景的中间

空间透视 4：消失点位于背景的中间偏上，如图 9-20 所示。

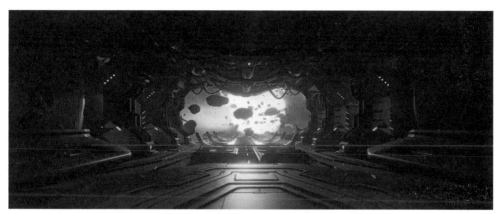

图 9-20　空间透视——消失点位于背景的中间偏上

空间透视 5：消失点位于背景的中间偏下，如图 9-21 所示。

图 9-21　空间透视——消失点位于背景的中间偏下

## 9.4　汽车 HMI 视觉设计之仪表表头造型方法

汽车 HMI 仪表视觉设计是当前汽车 HMI 设计难点，主要原因体现在以下 4 个方面。

（1）汽车仪表表头形态用于表现车速、转速加减速、用电功耗波动功能特点等方面比较难。

（2）科技感的表头形态需在设计细节上（比如质感、光影效果）是比较难的。

（3）汽车仪表模式切换表头形态的转化比较难。

（4）表头造型创意点与思考方向比较难。

造型方面通常采用格物、抽象、轻奢简约设计、汽车造型以及科技与抽线条的方法。

1. 格物、抽象方法

格物、抽象 1：通过工业、建筑等造型设计元素寻找灵感来源，进行思维发散至合适的表头造型，如图 9-22、图 9-23 所示。

图 9-22 格物、抽象设计 1

图 9-23 格物、抽象设计 2

格物、抽象 2：通过汽车前、后造型或车灯造型，进行思维发散至合适的表头造型，如图 9-24、图 9-25 所示。

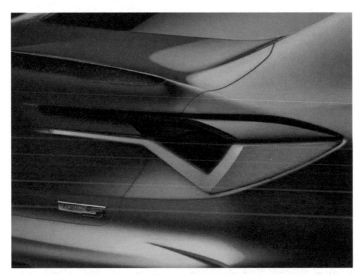

图 9-24　通过汽车后造型发散表头设计

图 9-25　通过汽车前造型发散表头设计

格物、抽象 3：通过工业、建筑等造型设计元素寻找灵感来源，如图 9-26 ～图 9-30所示。

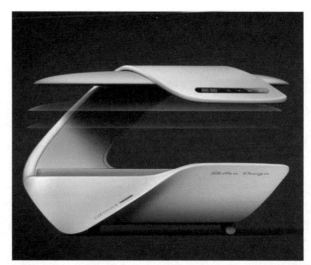

图 9-26　表头造型设计来源 1

图 9-27　表头造型设计 1

图 9-28　表头造型设计来源 2

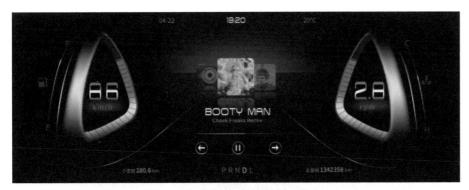

图 9-29　表头造型设计 2

图 9-30　汽车 HMI 视觉设计效果

## 2. 轻奢简约设计方法

通过平面、移动终端界面等设计寻找灵感来源，如图 9-31、图 9-32 所示。

图 9-31　图形化寻找灵感来源

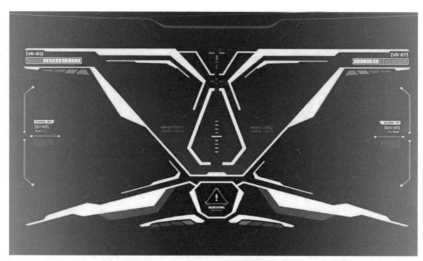

图 9-32　移动终端界面寻找灵感来源

### 3. 汽车造型来源方法

通过汽车前脸、头尾车灯形态等造型设计元素寻找或提取灵感来源，进行思维发散至合适的造型进行个性化设计，如图 9-33 ～图 9-36 所示。

图 9-33　汽车造型来源 1

图 9-34　汽车造型来源设计成果 1

图 9-35　汽车造型来源 2

图 9-36　汽车造型来源设计成果 2

**4. 科技与抽象线条方法**

通过由线或简单的面组成的几何造型设计元素寻找灵感来源，进行思维发散至合适的表头造型，如图 9-37 ～图 9-40 所示。

图 9-37　线条设计成果 1

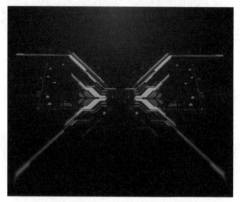

图 9-38　线条设计成果 2

图 9-39　线条设计成果 3

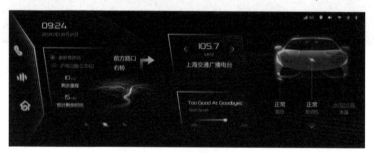

图 9-40　线条设计成果 4

## █9.5　汽车 HMI 视觉设计之仪表模式

当前汽车 HMI 视觉设计仪表模式切换表头形态变化难点，主要体现在以下 3 个方面。

（1）仪表表头形态的变化要契合表现车速、转速加减速、用电功耗实时动态功能特点。

（2）表头形态变化要有关联性。

（3）表头形态与对应模式在含义与逻辑上需要有较高的契合度。

经典表头仪表模式切换表头的变化，如图 9-41 所示。

图 9-41　经典表头仪表模式切换表头的变化

个性化表头与经典表头仪表模式切换表头的变化，如图 9-42 ～图 9-49 所示。

图 9-42　个性化表头与经典表头仪表模式切换表头的变化 1

图 9-43　个性化表头与经典表头仪表模式切换表头的变化 2

图 9-44　个性化表头与经典表头仪表模式切换表头的变化 3

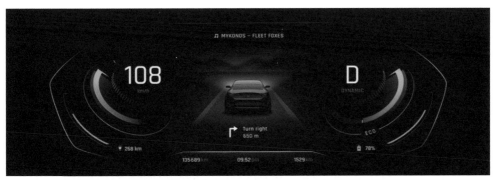

图 9-45　个性化表头与经典表头仪表模式切换表头的变化 4

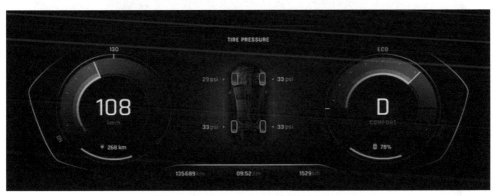

图 9-46　个性化表头与经典表头仪表模式切换表头的变化 5

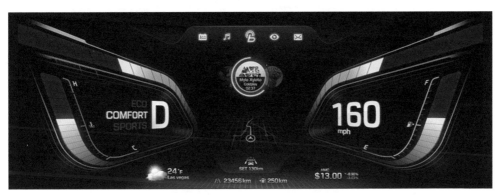

图 9-47　个性化表头与经典表头仪表模式切换表头的变化 6

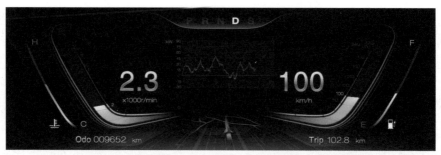

图 9-48　个性化表头与经典表头仪表模式切换表头的变化 7

图 9-49　个性化表头与经典表头仪表模式切换表头的变化 8

## 9.6　汽车 HMI 视觉设计之 IVI 调性一致

关于 IVI 部分的视觉设计，难点是 IVI 在进行设计过程怎样一以贯之地保持与仪表在风格调性上有比较好的协调性和一致性，主要从以下 3 个方面考虑。

（1）一体化构图。构图时同仪表一起进行构图（主要是背景构图）以及保持色感的一致性。

（2）风格调性的一致性或关联性。IVI 在进行设计过程中要特别注意其中用到的卡片形态、样式以及元素风格要保持与仪表在风格调性上有比较好的协调性和一致性。

（3）字体的选用。中英文字体对设计效果有很重要的影响，在设计过程选用好中英文字体能更加完美体现出设计的整体性美感。

如果大家真正想在做好 IVI 设计的同时，能保持与汽车仪表（Cluster）调性很好的一致性，也能做到有很好的原创，其实还是很有难度的，原因是 IVI 的信息关联的内容比仪表多，要有合理的布局和留白同时也有好的设计创新是比较难的，真正做 HMI 设计到了一定的高度，会感觉 IVI 比 Cluster 的设计难度是要大很多的。

　　一体化风格创意灵感来源，IVI 怎样保持与仪表在调性上有比较好的一致性，如图 9-50 ～图 9-53 所示。

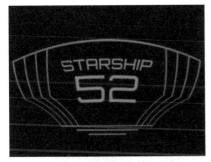

图 9-50　风格创意灵感来源 1

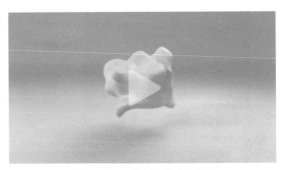

图 9-51　风格创意灵感来源 2

图 9-52　汽车 HMI 风格创意设计成果 1

图 9-53　汽车 HMI 风格创意设计成果 2

调性风格创意灵感来源，IVI 怎样保持与仪表在调性上保持比较好的一致性，如图 9-54 ～图 9-57 所示。

图 9-54 风格创意灵感来源 3

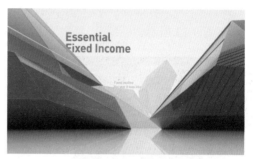

图 9-55 风格创意灵感来源 4

图 9-56 汽车 HMI 风格创意设计成果 3

图 9-57 汽车 HMI 风格创意设计成果 4

　　字体风格创意灵感来源，IVI 怎样保持与仪表在调性上有比较好的一致性，如图
9-58 ～图 9-64 所示。

图 9-58　风格创意灵感来源 5

图 9-59　风格创意灵感来源 6

图 9-60　汽车 HMI 风格创意设计成果 5

图 9-61　汽车 HMI 风格创意设计成果 6

图 9-62　汽车 HMI 风格创意设计成果 7

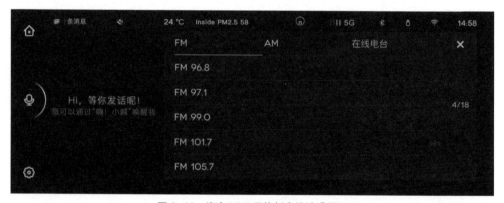

图 9-63　汽车 HMI 风格创意设计成果 8

图 9-64　汽车 HMI 风格创意设计成果 9

# 第 10 章
# 汽车 HMI 视觉设计质量的自我评估

汽车 HMI 设计
的关键要素

汽车 HMI 设计
自我评估方法

本章主要讲解汽车 HMI 视觉设计质量的自我评估方法。

汽车 HMI 视觉设计在有充分的市场调研和对标分析的数据前提下，针对自身品牌与车型定位进行。设计质量评审方法如下：

（1）背景空间感、层次感及体现的意境（包含色彩调性），占比 30%；

（2）表头的造型（契合车速、转速或功率功能点特性）、姿态（创意性具象或抽象）与背景空间的契合，占比 30%；

（3）元素及信息样式与风格搭调、合理化的位置布局、协调性的比例大小，占比 30%；

（4）合适的层次感与恰当的对比、细节把控，占比 10%。

## 10.1 背景的空间感、层次感及体现的意境评估

一是要在设计背景时评估背景的空间感、层次感及体现的意境（包含配色方式和色彩调性）是否符合产品设计需求风格调性，如图 10-1、图 10-2 所示。

图 10-1 汽车 HMI 视觉设计背景的空间感 1

图 10-2　汽车 HMI 视觉设计背景的空间感 2

二是要评估仪表表头造型姿态体现进度梯度的合拍性以及与背景是否有很好的空间角度契合、光影与质感是否与所在的空间保持较高融入感，如图 10-3、图 10-4 所示。

图 10-3　汽车 HMI 视觉设计角度契合、光影与质感 1

图 10-4　汽车 HMI 视觉设计角度契合、光影与质感 2

三是要评估仪表部分是否有合理的留白。可以让所有提示与报警灯都有各自的最佳位置以及正常状态下显示信息、行车计算机查看或提示信息合理的布局规划，如图 10-5 所示。

图 10-5　合理留白的设计感

四是要评估中控元素在设计上是否与仪表保持了设计特点的关联性以及中控在元素样式是否与本身风格调性有较高的匹配度，如比例的协调性和重要内容既都在相对合理位置的同时又有比较好的主次分布，如图 10-6 所示。

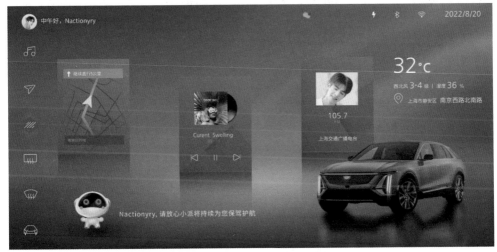

图 10-6    主次是否分明的设计检查

五是要评估信息与元素包含字体在版面上有较好的对比与层次感以及其对齐关系，如图 10-7 ～图 10-10 所示。

图 10-7    文字、层次与对齐的检查评估 1

图 10-8    文字、层次与对齐的检查评估 2

图 10-9　文字、层次与对齐的检查评估 3

图 10-10　文字、层次与对齐的检查评估 4

六是要评估中控元素在设计上是否与仪表保持了设计特点的关联性以及中控在元素样式是否与本身风格调性有较高的匹配度，如比例的协调性和重要内容既都在相对合理的位置的同时又有比较好的主次分布以及元素与背景、元素与元素、元素与信息之间最合理的对比。元素细节像素级把控，元素受空间光影的变化和整体氛围光影的添加会让元素与场景更加贴切，如图 10-11 ～图 10-14 所示。

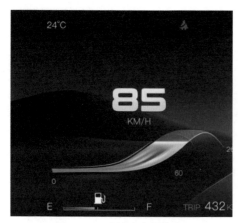

图 10-11　元素与氛围检查 1

图 10-12　元素与氛围检查 2

图 10-13　元素与氛围检查 3

图 10-14　元素与氛围检查 4

# 10.2　中英文字体的合理选用评估

一般来说，汽车 HMI 视觉设计在选用字体时要注意以下几点：

（1）品牌字库：像 PSA 的 Web、App、HMI 界面都有用自己为其品牌设计的专用字库；

（2）免费可商用字库：像思源黑体、苹方、阿里巴巴普惠体是大多数 HMI 界面设计用得比较多的字体，数字和英文为同一种字体；

（3）如果对汽车 HMI 视觉设计的风格调性和整体性要求较高的品牌也可选用付费的商用字体来满足设计上的要求。

字体风格同图标风格有一定共性，可以说，如果确定好主题风格调性，那么图标在设计时是要跟随其主题风格调性进行匹配的，字也一样。例如，主题风格比较有明显的线条特征（是偏圆润还是偏犀利），那么图标在设计时最好能保持和明显的线条特征有一定的共性，字体在选用时要看其笔画线条是属于哪种偏向性的特征加以判断后进行使用，这样可以保持整体设计风格上的协调性，如图 10-15、图 10-16 所示。

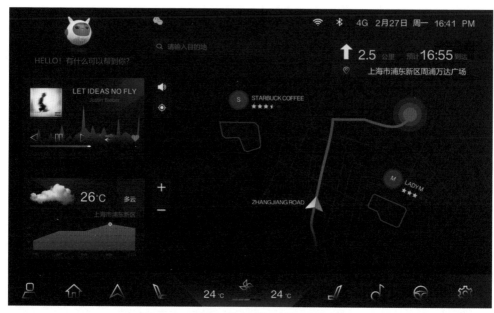

图 10-15　汽车 HMI 视觉设计中的字体应用 1

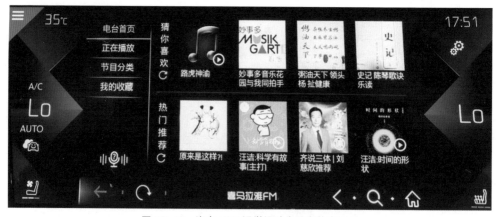

图 10-16　汽车 HMI 视觉设计中的字体应用 2

　　特别强调：像宋体或近似宋体的笔画特征的字体是不合适作为 HMI 界面设计的字体的。

## 10.3　为什么自己的设计总感觉比较生硬

视觉设计师一般在做好设计后会对设计稿进行自我评估，一般会出现以下情况：

（1）对设计配色或色感会感觉不太舒服，但不知道怎么进行调整；

（2）对设计版面上的设计分区大小感觉有问题，但好像如卡片样式或分类信息所占的区域感觉没有可调整空间；

（3）设计版面上的元素或信息感觉比较呆板，没有灵性或不生动。

如图 10-17 所示背景色非常简单的黑——灰，仔细看会发现左边有卡其色薄层平滑覆盖，整体渐变色相过渡平滑自然，用卡其配色显示低调而奢华，与耳机红色辅助色搭配显出耳机的生命力和音乐的激昂。

图 10-17　背景色与点缀色的搭配

关于其计版面的分区，重点体现出耳机的姿态，次重点突出标题和微重点体现简介说明。既突出了所要呈现的主体对象，同时版面进行了左右分区和最大化的留白让主体对象一眼夺目。

# 10.4 汽车 HMI 视觉延展设计的注意事项与关键点

接下来讲解一下有关汽车 HMI 视觉延展设计的 4 个注意事项与 2 个关键点。

### 视觉延展设计注意事项

在进行汽车 HMI 视觉延展设计需要注意以下 4 个方面。

（1）做好视觉延展设计首先要注意设计用色、元素、控件样式，字体及字号和色彩遵循已定好或符合已定好的组件和规范即可，非特别情况不可自行增加不属组件库或非设计规范的设计。

（2）视觉延展设计要先理解交互文档所描述的事项以及交互原型图上的初步排版，特别注意原型图上的布局不能完全按照其布局或绝对的位置进行高保真效果设计，原因是交互设计师在做交互原型图时布局的版面或整体视觉美感设计不一定是考虑最全面的，与其他模块保持视觉一致性设计才是最合理的。因此，作为视觉设计师我们需要从全局考虑或协调最佳的美感呈现。

（3）交互设计原型图对视觉延展设计内容和基本版面布有一定的指导作用，但具体在效果图设计时要有一定的灵活性，同时还要考虑设计规范。

（4）对于设计规范以外的需要进行或呈现视觉美感层面的，要知道哪些情况必须依据交互流程图，哪些情况可以进行变化设计，从而能在视觉创意上进行开拓性和创新性设计。当然，如果视觉设计师足够了解产品功能和用户痛点，可以通过好的视觉设计提升用户体验，这样更能体现 HMI 视觉设计师的专业。

### 视觉延展设计有两个关键点

汽车 HMI 视觉延展设计的两个关键点如下。

一是保持好视觉风格调性高度一致性。

二是在保持最佳视觉美感的同时，不影响操控逻辑，在视觉美感上与操控交互进行平衡。

关于元素或信息感觉比较呆板，没有灵性或不生动，如图 10-18 所示。

图 10-18　失去灵性的设计

视觉设计关于元素或信息感觉比较呆板，没有灵性或不生动，主要有以下几个方面的问题：

（1）色彩搭配不合适或设计风格上色感不对（色彩的搭配会从视觉影响设计风格调性，色彩明度或饱和度都会对设计风格带偏或不协调性）；

（2）元素在场景或背景上的透视角度或位置关系不正确，构图有问题；

（3）元素在场景或背景上光影或投影不合理，一是没有环境光，二是给的环境光与场景光源位置关系不正确；

（4）元素间没有一定的层次和合理的对比度；

（5）对相对简单的画面没有进行了合理的装饰设计，避免过于单调；

（6）元素间互相缺乏一定的设计关联，如色彩、纹理、形态、样式等。

## ▎10.5　快速提升自我判断能力的方法

要想快速提升自我判断能力，主要可以通过以下 6 个途径来实现。

（1）养成经常浏览大量的高质量设计素材的习惯，只要是关于设计的都可以，如平面海报（高端地产、珠宝首饰、奢侈品、汽车）插画、创意 PPT、可视化大屏、游戏界面设计、个性化 App 设计、灯光舞台设计、科技或汽车类 Web、高端快消品海报（鞋、包、美妆、3C）设计师作品集、CG 渲染静态或动态视觉、3D 场景构图与渲染、工业创意设计、未来建筑设计等。

（2）养成在浏览素材时对素材进行初步的分析，分析其在设计上有哪些优点或不足，如果让你来进行优化和调整应该怎么修改。

（3）经常性地关注国内设计网站，看到好的素材按类别进行收集，建议按配色、色感、场景或背景构图、版面布局、造型、样式等进行分类。

（4）看到好的设计素材除了享受视觉美感外，更重要的是素材的优点要善于跟自己的设计发生关联，看到优点用的表现方式是不是有用到自己某个或某种设计上的可能。

（5）评估自身的设计与做设计构图一样先整体后局部再到细节的思路，简单地说是先看大方向再看各区域，然后再对各区域内具体的部分进行走查。

（6）在设计过程中如果遇到自己设计感觉不满意，但又觉得不知道怎么改，往哪个方向改的时候：

①首先要评估在全部版面中，看整体的元素布局在比例上是否有感觉不对的地方，看各元素所占的区域大小是否有感觉别扭；

②如果有造型的首先要评估造型整体的形态走向是否贴合场景，透视角度和线条平滑度是否与其本身的比例大小相协调；

③卡片设计质量的判断首先是卡片的形态和长宽比以及是否有圆角、圆角大小、是否需要增加合适的投影、投影颜色是否处理得当（投影颜色并非仅限用黑色）；

④画面上所有图标首先在风格上是否有很好的整体性；

⑤字体大小是否在当前区域是合理状态，色彩（为了提高对比和层次感会用不同的色相）是否保持了各区域统一的用法。

## 10.6  提升汽车 HMI 设计质量的核心思路

HMI 设计同其他端终端设备的人机互设计不太相同，首先要了解产品定位、调性、特别是内饰设计调性和结构、布局特点，以及显示屏长宽比。HMI 设计本质是产品设计，并非好的视觉、交互、动效设计都能用在所有品牌或车型上，特别是好的视觉、契合产品调性符合本身气质定位的设计才是最佳、最匹配的设计方案。基于"量体裁衣"的基本设计逻辑、先基于产品本身的诉求，后进行美术塑造，达到产品调性与美感的高度交融，"外形"与"内涵"相辅相成的设计表现，从而体现产品最佳的气质，这是 HMI 设计的最高境界。

HMI 设计发展至今，借鉴了移动互联网终端的设计思路，形成了针对性与相对专业的规范与设计流程。由于汽车 HMI 视觉设计较移动互联终端最大的差异是品牌及车型定位差异化、定制化设计，因此，能做好 HMI（懂设计、懂驾乘场景与环境、懂用户、懂行业产品发展趋势）的设计师是有一定积累的专业人才。

# 第 11 章
## 汽车 HMI 设计岗位划分与要求

汽车 HMI 设计
师的专业岗位

本章主要讲解汽车 HMI 设计的岗位划分与要求。

# 11.1 汽车 HMI 设计岗位划分

在行业中，主要从设计专业与行业设计（能力）两个方面对汽车 HMI 设计进行岗位划分。

### 按设计专业上进行划分

HMI 视觉设计（UI）：对用户界面的风格，色彩，布局等视觉效果设计与提案；

HMI 交互设计（UE）：界面交互逻辑，用户操控实现的目的，人与设备交流过程的心理感受，用户体验上的设计；

HMI 动效设计（AE）：界面交互响应过程必要的效果呈现，合理表达产品功能诉求，提升人机交互乐趣和良好的用户体验。

### 按行业设计（能力）进行等级划分

资深 HMI 设计师：了解行业最新的设计趋势，准确把握 HMI 的设计方向，有很强的调研、分析和提案能力，成功主导设计多个项目，准确理解客户或产品经理诉求，对 HMI 设计进行创意构思的方向把控；

高级 HMI 设计师：有很强的设计创意、创新能力，有很强的对标、分析能力和提案能力，成功主导设计多个项目，准确理解客户或产品经理诉求，全局把控 HMI

的设计细节；

中级 HMI 设计师：具有较高的专业水平和技能，有一定的提案能力，一定的设计创新能力，能根据现有的设计思路对 HMI 有一定的拓展设计能力；

初级 HMI 设计师：具有一定的专业和技术基础，有一定的判断和鉴赏力，根据方向有延展设计能力和自我学习能力。

备注：资深和高级 HMI 设计师对行业从业所限有一定的要求，并且具备良好的设计前瞻和较强的综合设计能力，很高的审美能力，和设计语言沟通能力。

汽车 HMI 设计相关软件和必须具备的软件操作技能：

HMI 视觉设计师

Adobe Photoshop

Adobe Illustrator

Sketch（MAC） 或 Figma

3ds Max、C4D、Maya、Blender 三维建模能力

汽车 HMI 视觉设计师除了精通以上软件操作技能外，还需具备良好的审美能力和高品质设计素材的收集、分析与判断能力，以及良好的提案解说能力和引导能力。

HMI 交互设计师

Axure

Adobe XD

汽车 HMI 交互设计师除了精通以上软件操作技能外，还需具备一定的产品功能的了解，对行车环境使用车载终端的便捷操控要求和怎样尽可能避免影响驾车时的安全有足够了解，和简单的交互逻辑能力。

HMI 动效设计师

Adobe After Effects

Pricinple

C4D、3ds Max、Maya、Blender 三维动画设计

汽车 HMI 动效设计师除了精通以上软件操作技能外，还需具备一定的产品功能的了解，和对汽车 HMI 特定方向上的动画效果的设计以及产品功能体现能力。

## 11.2　汽车 HMI 设计需要储备的综合能力

汽车 HMI 设计师除了需具备行业和专业的相关能力外，还要做好设计以及不断自我提升。通过以下 4 个方面自我进行习惯性锻炼和加强，可以助力设计师在专业以及行业中的提升发展潜力。

### 1. 设计素养

设计师要进行有自我定位的设计素养的提升，如灵感素材分类藏，专业技能与时代设计潮流同频。

### 2. 沟通能力

正确与准确理解项目需求，进行即时有效的沟通，解决客户反馈和产品需求。

### 3. 时间管理

根据项目的时间节点及工作内容进行时间统筹，按计划地保质保量完成设计任务。

### 4. 自我提升

通过现有案例培养专业技能的自我提升和学习的习惯。

# 第 12 章
## 汽车 HMI 设计流程与规范

汽车 HMI 设计　　　汽车 HMI 设计　　　汽车 HMI 设计
流程　　　　　　　规范　　　　　　　交付物输出

HMI 设计发展至今，借鉴了移动互联网终端的设计思路，形成了有针对性与相对专业的规范与设计流程。由于汽车 HMI 设计较移动互联终端最大的差异是品牌及车型定位调性化、定制化设计，因此在设计流程上是借鉴互联网移动端而制订的，但又有更多的受限于驾乘环境的和品牌调性的考量。

## 12.1　汽车 HMI 设计流程步骤

汽车 HMI 设计的流程步骤，概括起来主要是以下几步。

（1）产品诉求需求分析，特别是核心关键点需求（车型定位、受众、个性诉求、风格调性）、主要场景功能诉求等；

（2）市场调研和对标，了解当前或未来两年竞品的设计特点和趋势；

（3）进行头脑风暴，评审后进行视觉主题定版；

（4）产品功能梳理，交互逻辑思维导图和各模块交互原型图绘制；

（5）用户体验分析与提升，交互文档输出；

（6）设计规范制定及组件库搭建；

（7）各模块高保真视觉延展设计；

（8）主体设计评审；

（9）设计稿效果图及交付物输出（切片与坐标）；

（10）测试反馈处理；

（11）存档以备迭代。

## 12.2 特斯拉 Model 3 设计规范概述

特斯拉的汽车 HMI 视觉设计布局如图 12-1 所示。

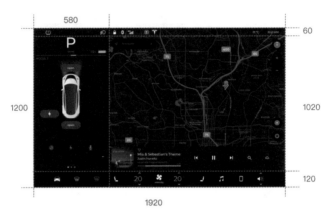

图 12-1 特斯拉 Model 3 汽车 HMI 视觉设计布局

备注：汽车 HMI 视觉设计由于显示屏的显示方式、屏幕大小和分辨率的不同，因而要根据不同的显示屏尺寸和不同分辨率及实际显示区域大小进行实际调整。

特斯拉的汽车 HMI 视觉设计色彩标准如图 12-2 ～图 12-4 所示。

图 12-2 特斯拉 Model 3 汽车 HMI 视觉设计色彩标准 1

色号　　　　　使用场景

#007BEC　　　**小面积使用，用于特别需要强调icon**
如：导航转向提示图标、前除霜图标激活、自动驾驶图标激活等

#D0021B　　　**小面积使用，用于严重故障提示icon、文字等**
如：严重故障提示图标、后除霜激活等

#25CB55　　　**小面积使用，用于特别需要强调icon**
如：电量提示图标、车灯开启状态显示等

#FFDB0A　　　**小面积使用，用于警示类icon**
如：车速显示、设置选项、常用功能图标、快捷菜单区背景等

**重要**

图 12-3　特斯拉 Model 3 汽车 HMI 视觉设计色彩标准 2

图 12-4　特斯拉 Model 3 汽车 HMI 视觉设计色彩标准 3

特斯拉的汽车 HMI 视觉设计字体标准如图 12-5、图 12-6 所示。

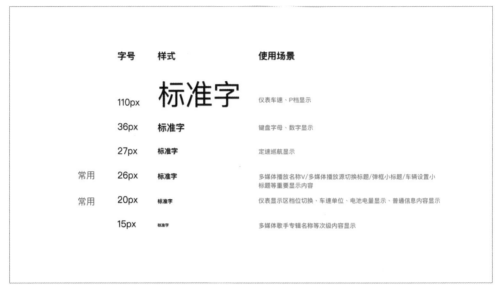

| 字号 | 样式 | 使用场景 |
|------|------|----------|
| 110px | 标准字 | 仪表车速、P 档显示 |
| 36px | **标准字** | 键盘字母、数字显示 |
| 27px | **标准字** | 定速巡航显示 |
| 常用 26px | **标准字** | 多媒体播放名称V/多媒体播放源切换标题/弹框小标题/车辆设置小标题等重要显示内容 |
| 常用 20px | 标准字 | 仪表显示区档位切换、车速单位、电池电量显示、普通信息内容显示 |
| 15px | 标准字 | 多媒体歌手专辑名称等次级内容显示 |

图 12-5　特斯拉 Model 3 汽车 HMI 视觉设计字体标准 1

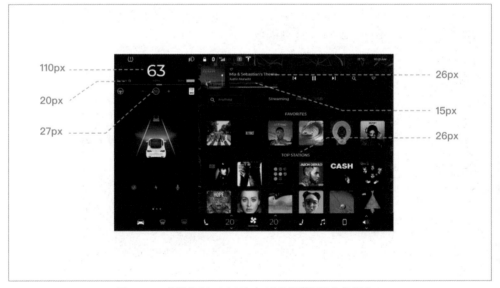

图 12-6　特斯拉 Model 3 汽车 HMI 视觉设计字体标准 2

　　关于汽车 HMI 视觉设计元素间距不同的布局其规范会根据实际情况调整，但快捷切换区栏图标的间距有一定的参考性，这是需要在视觉和操控两者间进行平衡的。

汽车 HMI 视觉设计控件、图标标准如图 12-7、图 12-8 所示。

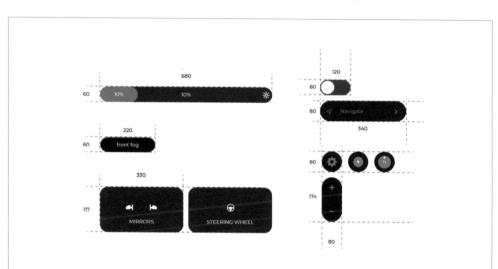

图 12-7　特斯拉 Model 3 汽车 HMI 视觉设计控件规范

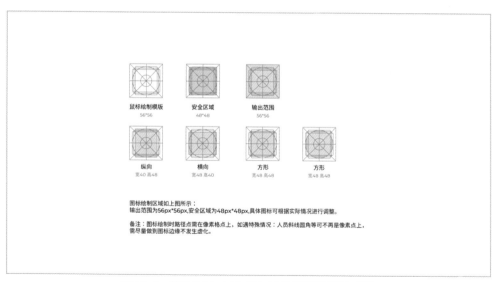

图 12-8　特斯拉 Model 3 汽车 HMI 视觉设计图标规范

备注：图标的设计规范同移动端一样，但要注意不同区域或用途的图标是否有热区和最佳的显示大小。

HMI 设计完稿后，需要进行输出交付给开发人员，设计过程应保持良好的文件命名及图层分类分组与命名的习惯。由于 HMI 模块较多，相关控件形状多样，规范化的文档命名和交付物命名非常重要，如图 12-9 所示仅对输出前的规范化进行示意，具体这里不做详解。

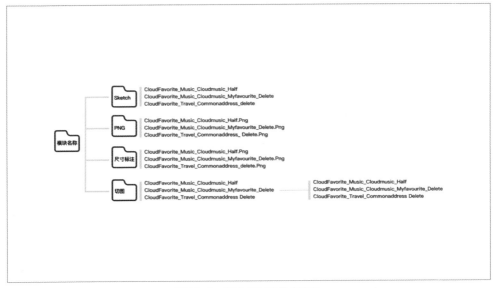

图 12-9 HMI 交付物输出规范

备注：这里给大家里做一下说明，在做视觉设计稿时，很多设计师对如图层分类和命名都比较随意和混乱，设计工作特别是产品设计，不仅设计结果要出众，同时还能做好设计文档图层命名和分组命名也是可以体现出设计师的综合素养的。规范化的图层命名不仅能让设计工程文件思路条理清晰，同时可以为以后的修改和交付物输出提供准确的信息，也能体现出设计师的逻辑思维能力。规范的图层命名可以提升视觉设计师一般性逻辑维能力。从另一个维度讲，逻辑思维清晰对提升视觉设计师的专业水准是有帮助的。

# 第 13 章
## 怎样做好汽车 HMI 视觉提案

汽车 HMI 设计　　　汽车 HMI 设计
风格案例解析　　　提案设计方法

我们在前面章节中提到了汽车 HMI 视觉设计执行过程中的难点体现视觉调性的高度一致性；仪表表头造型契合于调性且原创的创意点；中控版面布局结构以及相应的设计元素样式的特点与整体调性的契合度。

因此，设计主题时，一方面要体现产品功能诉求；另一方面要在视觉美感上以最合适的艺术方式展现产品调性。

做好汽车 HMI 提案设计的 3 个步骤：

第 1 步：分析需求和竞品；

第 2 步：解决思路；

第 3 步：应对方案。

## ▌13.1　汽车 HMI 设计提案——调性

分析需求、概括设计上要体现的关键字对设计诉求和调性进行定位，然后再去做一份详细的竞品分析报告，如图 13-1 ～图 13-4 所示。

图 13-1　设计主色调 1

图 13-2　设计主色调 2

图 13-3　设计主色调 3

图 13-4　设计主色调 4

　　解决思路：搜寻体现关键字含义的视觉素材，为后期视觉效果提供设计依据，列出设计的情绪版并进行设计提炼。

　　实现方法：即设计情绪版，如安全、简洁、科技、时尚、美感等。设计师从需求上提取的关键字的含义要能体现视觉上的外在表现或内含用意并能进行思维拓展，用画面呈现产品诉求，如图 13-5 ～图 13-22 所示。

**安　全**

图 13-5　情绪版设计参考 1

图 13-6　情绪版设计参考 2

图 13-7　情绪版设计参考 3

图 13-8　情绪版设计参考 4

图 13-9　情绪版设计参考 5

简　洁

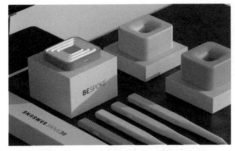

图 13-10　情绪版设计参考 6

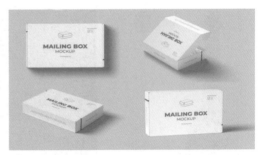

图 13-11　情绪版设计参考 7

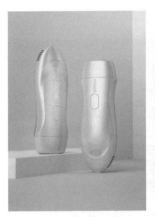

图 13-12　情绪版设计参考 8

图 13-13　情绪版设计参考 9

科　技

图 13-14　情绪版设计参考 10

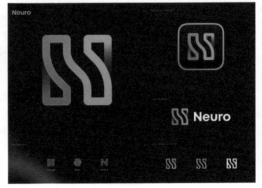

图 13-15　情绪版设计参考 11

图 13-16　情绪版设计参考 12

图 13-17　情绪版设计参考 13

时　尚

图 13-18　情绪版设计参考 14

图 13-19　情绪版设计参考 15

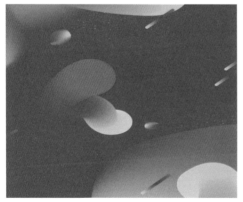

图 13-20　情绪版设计参考 16

图 13-21　情绪版设计参考 17

图 13-22　情绪版设计参考 18

# 13.2　汽车 HMI 设计提案——主题用色

设计师要依据情绪版含义定调主题设计主色调及辅助用色。

主题用色定调是针对情绪版的归纳提炼。对设计主题的用色进行定位，对匹配主题风格的字体进行定位，只是主题设计前经遵循的最基本的逻辑，如图 13-23 所示。

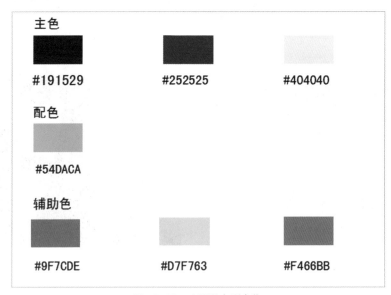

图 13-23　主题的色彩定位

## 13.3 汽车 HMI 设计提案——主题设计

对于前期的设计需求已经完全了解后，我们要开始进行视觉主题设计。在这里给大家梳理一下应做好的几个关键步骤，这会令你的设计会相对顺利或者说产出结果认可度会相对比较高。

解决思路：先明确紧扣需求中提取的关键词，然后针对性地进行思考应该呈现哪种效果是与需求最合拍的，有了明确的方向后再查看与已确定的方向相符的或大致相符的素材寻找灵感。

实现方法：主题设计具体实施关键步骤。

（1）根据了解的需求先进行思考，印象中是不是有一些类似或有一些大致相似于当前需求的设计案例或素材，如图 13-24 所示。这一点很关键，通常来讲很多设计师是了解完需求后就直接去漫无边际地寻找素材，然后再进行尝试，这种思路本身没问题，但是效率不高。

图 13-24 风格定位

（2）对设计素材进行分类。

①针对配色或色感方向进行素材分类（背景层面或整体视觉配色方式和色彩感觉层面的）；

②针对场景整体意景或氛围烘托的设计感进行灵感素材分类；

③针对背景层次感元素风格以及呈现的背景整体风格素材分类；

④表头风格与造型的素材分类；

⑤ IVI 布局参考点灵感来源分类；

⑥卡片样灵感点素材分类；

⑦图标风格灵感素材分类；

⑧导航地图风格、音乐专辑风格及样式、语音识别或 VPA 的样式等具体的设计方向定调参考素材收集分类，当然找到的所有参考素材要在设计感和创意上要有比较高的质量。

（3）具体设计要按照先整体后框架再局部的思路进行构图或搭场景，分配好各区域在画面上的占比及位置关系，统筹全局，让各局部按对标的灵感点逐一进行最佳视觉表现。

# 第 14 章
## 主流品牌汽车 HMI 设计与趋势分析

新能源品牌汽车
HMI 设计点评

本章主要讲解主流品牌汽车的 HMI 设计与趋势分析。

## 14.1 主流品牌汽车 HMI 设计分析

在分析主流新能源汽车品牌的 HMI 设计之前，我们先分析一下传统燃油车的 HMI 设计。

传统燃油车如图 14-1 ～图 14-7 所示。

图 14-1 传统燃油车 HMI 设计 1

图 14-2　传统燃油车 HMI 设计 2

图 14-3　传统燃油车 HMI 设计 3

图 14-4　传统燃油车 HMI 设计 4

图 14-5　传统燃油车 HMI 设计 5

图 14-6　传统燃油车 HMI 设计 6

图 14-7　传统燃油车 HMI 设计 7

传统燃油车 HMI 设计有以下特点：

（1）汽车内饰设计追求档次，基本以深色为主，HMI 的设计主流的背景也以深色为主。HMI 的设计本质上是内饰设计的一部分，一方面深色背景是为了更加契合内饰设计，保持与内饰在整体设计上的协调性；另一方面因为深色的背景更不容易分散驾驶人注意力，降低了眩光的问题。早期的汽车 HMI 设计很多都会在设计上有金属质感、边框和立体感的表现方式，也是为了更好地与内饰在设计上保持关联。

（2）在设计用色上基本以暗色配饱和度较高的色彩为主，目的是提高辨识度和对比度以及一定的科技感。

（3）高档燃油车 HMI 设计都有一定的品牌调性和个性化；中偏低及低端车 HMI 设计基本偏向潮流化，不太注重设计风格调性是否与其内饰和产品整体气质的合拍性。

新能源汽车，这里以威马、小鹏、特斯拉、蔚来为例，这里引用的图片并不一定为最终量产设计效果图，仅作说明用途。

## 威马汽车

威马汽车 HMI 设计如图 14-8 ～图 14-10 所示。

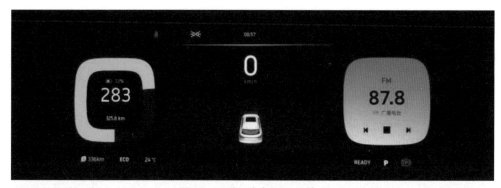

图 14-8　威马汽车 HMI 设计 1

图 14-9　威马汽车 HMI 设计 2

图 14-10　威马汽车 HMI 设计 3

### 特点分析

Cluster：12.3" 分辨率 1920×720PPI；IVI：12.8" 分辨率 1920×1080PPI；
用色比较前卫，打破了原有传统燃油车的用色配色方式。

设计上个性化比较突出（这里并非指显示屏可横向与纵向切换），表头形态表现方向与传统燃油车有明显的差异，IVI 以细胞裂变的方式体现产品功能菜单。

整体设计为扁平化或微扁平化的处理方式，同时在必要处有合理的光影（如DOCK、首页 ICON 栏），如图 14-11 所示。

图 14-11　威马汽车 HMI 设计

### 小鹏汽车

小鹏汽车 HMI 设计如图 14-12 ～图 14-16 所示。

图 14-12　小鹏汽车 HMI 设计 1

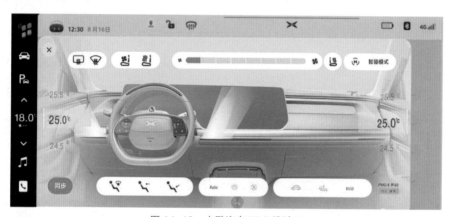

图 14-13　小鹏汽车 HMI 设计 2

图 14-14　小鹏汽车 HMI 设计 3

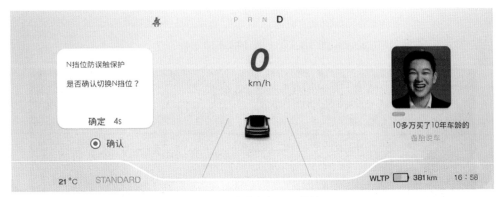

图 14-15　小鹏汽车 HMI 设计 4

图 14-16　小鹏汽车 HMI 设计 5

## 特点分析

Cluster：10.25" 分辨率 1920×7200PPI；IVI：14.96" 分辨率 2400×1200PPI；

采用黑夜与白天两种色彩模式，可以切换白天黑夜模式，也会出现浅色的背景。浅色模式的整体色调把控不算优秀，会使屏幕一直处于高亮状态，让驾驶员产生一定视觉疲劳。

浅色模式是借鉴了互联网移动端的用色方式，但处理不好会使画面美感缺失、单调。

设计上画面的整体布局比较好。

整体设计为扁平化或微扁平化的处理方式，属于互联网设计方式在 HMI 上的"因地制宜"设计表现。

## 特斯拉汽车

特斯拉汽车 HMI 设计如图 14-17 ～图 14-20 所示。

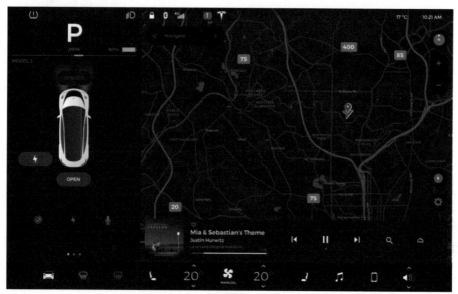

图 14-17　特斯拉汽车 HMI 设计 1

图 14-18　特斯拉汽车 HMI 设计 2

图 14-19　特斯拉汽车 HMI 设计 3

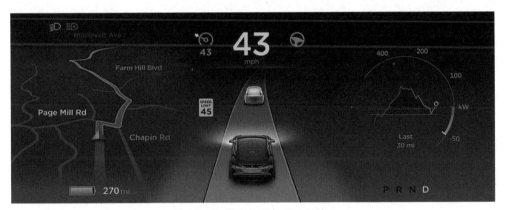

图 14-20　特斯拉汽车 HMI 设计 4

## 特点分析

Cluster（Model S）：12.3" 分辨率 1920×720PPI；IVI（Model 3）：12.8" 分辨率 1920×1200PPI；

首先这里要说明的是，2012 年上市的 TESLA Mode lS Cluster 与 IVI 在设计风格是没有完全统一的，其仪表是扁平化的极简设计，而车载信息娱乐系统是集扁平、微扁平、3D ICON（拟物化）的，在设计风格调性上没有做到一致性；到了 Mode l3 设计上画面的整体布局较比好但过于扁平，同样也采用了暗色和浅色两种模式，但整体设计在艺术美感上相对缺失，缺乏真正的设计美感。

将仪表与车载信息娱乐系统合到一块屏上，当前阶段从安全和用户驾驶行为视线和习惯上不讲是不合适的（从 HMI 的人因工程学和内饰设计的整体性上讲都是存在缺陷的）。

### 蔚来汽车

蔚来汽车 HMI 设计如图 14-21 ～图 14-23 所示。

图 14-21　蔚来汽车 HMI 设计 1

图 14-22　蔚来汽车 HMI 设计 2

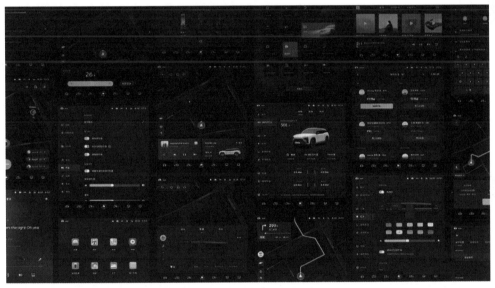

图 14-23　蔚来汽车 HMI 设计 3

## 特点分析

Cluster：9.8" 分辨率 1800×606PPI；IVI：11.4" 分辨率 1200×1600PPI；

大家在这里所看到是 NIO 3.0 的暗色版。NIO 3.0 从视觉设计相比 2.0 及 1.0 在色感上有明显的提升，整体设计档次拉高了很多，更符合汽车界面的特点，IVI 界面设计风格的一致更好。

NIO 3.0 的视觉设计上最明显的特点是导航页即首页，这也是蔚来从 NIO 1.0 到 NIO 3.0 一直坚持的特点，但同时也是作为视觉设计最有争议的点。系统是用户根据其自身不同的情况而使用的，并非用户开车就一定会用导航功能。界面对用户来讲看似体现了一定的个性化，但从视觉设计层面来讲，这种方式导致画面不仅单调而且也没有美感，同时让用户感觉像是开车就必须使用导航功能似的。虽然界面上也有使用其他功能的通道，但给用户的第一条件反射就是有强迫用户的使用嫌疑。在越来越强调产品设计要以人为本，从人性化的角度出发，站在用户的立场进行思考和为用户着想的层面，这是需要调整设计思路的。

蔚来的 HMI 视觉设计从整体上来讲还是不断在进行优化，以至于设计出更加符合汽车，更加符其品牌调性的 HMI 视觉设计。

对威马、小鹏、特斯拉、蔚来 HMI 视觉（含关联因素：如显示屏）设计总结：

（1）威马 HMI 视觉设计：主题页面设计有较好的创意，但界面设计用色过于花哨不符合汽车本身有的基本特点。首页与次层级页面设计整体性不高；纵向时显示屏过长，与内饰整体融合性不高，降低了档次。

（2）小鹏 HMI 视觉设计：HMI 界面个性不是太明显，与汽车本身档次不是很合拍；横竖屏（单指显示屏）长宽比很符合行车过程中的触控操作，用户获取信息或触控比较得心应手。

（3）特斯拉 HMI 视觉设计：界面设计极简，缺乏艺术美感，美感仅能从布局的协调性上获得。Cluster 与 IVI 一体化的设计本质上是简配。一个平板在中控台上看似简约，实则与内饰搭配太过分散，没有内饰设计上的整体性。

（4）蔚来 HMI 视觉设计：HMI 界面设计互联网化，个性化设计不足，主题页面有设计思维固化；其竖屏长宽比符合当前汽车使用特点。

*说明：当前 HMI 视觉设计总体上来讲，同质化比较严重，虽然表面看有一定的差异化，但过于沿用移动互联网的设计表现方式，没有形成真正属汽车行业在 HMI 视觉设计上独立自主地符合和汽车品牌本身个性化，差异化的诉求。*

# 14.2　未来汽车 HMI 视觉设计发展趋势

未来汽车 HMI 视觉设计的趋势主要体现在 3 个维度，即从汽车品牌调性、定位与内饰匹配的维度，从配色用色的维度，元素样式的维度。

趋势一：视觉设计需要符合汽车品牌调性、定位与内饰匹配度

HMI 视觉设计目前正在快速发展，极少数设计与汽车本身有较好的契合度，少数设计要么具有非常鲜明的个性但与内饰或品牌调性气质不符；大部分设计缺乏个性，只是"跟风"，特别是在结构的整体和 HMI 设计上没有进行自主性进行"因地制宜"和"量体裁衣"。目前，HMI 的视觉设计，特别是新能源汽车的 HMI 设计同质化很高。因此，符合产品本身定位、气质、整体性及品牌调性的创新创意的 HMI 设计在未来的发展中越来越重要。作为 HMI 视觉设计师最高段位就是要具有不断创新创意的设计能力和高阶的审美能力。专业知识丰富、创新设计能力强的设计师才能在行业的发展中更容易找到自己的位置，如图 14-24、图 14-25 所示。

图 14-24　汽车 HMI 设计与品牌完美融合 1

图 14-25　汽车 HMI 设计与品牌完美融合 2

趋势二：HMI 视觉设计从配色用色的维度

视觉设计的本质是传递观看感受，我们在观看设计画面时第一感知是色彩。色彩是视觉传达给我们观感最敏感的要素，但色彩和色感会随时代的发展或因不同的地域或国度而流行。流行就会有一定的偏向性，好的 HMI 视觉设计调好色彩或色感在大方向上是否符合当下潮流或是否能恰到好处地利用潮流化的影响而进行合理灵活运用是非常重要的，我们在这里所说的色彩潮流化并非只片面地走潮流化的思路，而是进行时尚与经典、潮流与个性化产品需求来进行最合理地利用好他们的相对统一使其相对和谐或相得益彰。对品牌、车型、调性、定位要理解深入、全面、客观、准确，才能利用好色彩传递给用户个性化的视觉感受。

HMI 视觉设计未来流行的用色，主色：中性混合趋势，主体用色偏向中性混合色，比暗黑明度高、饱和度稍低；配色或辅助色偏向马卡龙、孟菲斯和莫兰迪和洛可可等这些色彩风格。

以下配色方式希望能给大家带不启发，如图 14-26 ～图 14-36 所示。

图 14-26　汽车 HMI 配色参考 1

图 14-27　汽车 HMI 配色参考 2

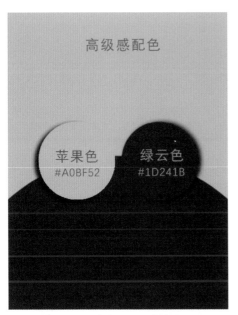

图 14-28　汽车 HMI 配色参考 3

图 14-29　汽车 HMI 配色参考 4

图 14-30　汽车 HMI 配色参考 5

图 14-31　汽车 HMI 配色参考 6

图 14-32　汽车 HMI 配色参考 7

图 14-33　汽车 HMI 配色参考 8

图 14-34　汽车 HMI 配色参考 9

图 14-35　汽车 HMI 配色参考 10

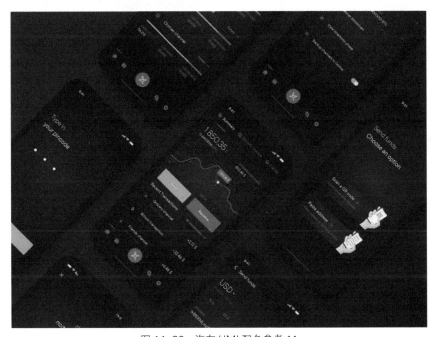

图 14-36　汽车 HMI 配色参考 11

趋势三：HMI 视觉设计元素样式的维度

当前 HMI 视觉设计样式如卡片样式、控件样式基本是沿用移动互联网的。未来的 HMI 视觉设计会越来越极简化，信息才真正是最需要重点体现的，其他的设计都是为了更好地体现一目了然的信息。背景或卡片的设计都是为了更好成为信息衬托的舞台。HMI 视觉设计的本质是 UI 设计，面 UI 设计的基础是平面设计。在设计极简化的元素样式时最终的思考点要回归到平面设计的思路进行创新创意，如图 14-37～图 14-42 所示。

图 14-37　汽车 HMI 卡片样式 1

图 14-38　汽车 HMI 卡片样式 2

图 14-39　汽车 HMI 卡片样式 3

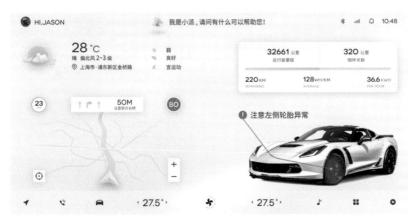

图 14-40　汽车 HMI 卡片样式 4

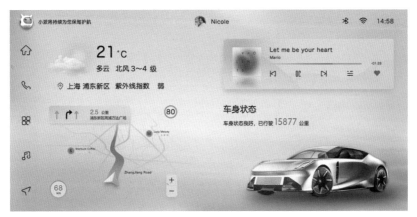

图 14-41　汽车 HMI 卡片样式 5

图 14-42　汽车 HMI 卡片样式 6